Das Andere
12

Ocean Vuong
Céu noturno crivado de balas

Tradução de Rogerio Galindo
Editora Âyiné

Ocean Vuong
Night Sky with Exit Wounds
Título original
Céu noturno crivado de balas
Tradução
Rogerio Galindo
Preparação
Sofia Nestrovski
Revisão
Fernanda Alvares
Andrea Stahel
Projeto gráfico
CCRZ
Imagem da capa
Julia Geiser

Direção editorial
Pedro Fonseca
Direção de arte
Daniella Domingues
Assessoria de imprensa
Amabile Barel
Designer assistente
Gabriela Forjaz
Conselho editorial
Lucas Mendes

© Ocean Vuong, 2016

© Editora Âyiné, 2019, 2021, 2022
Praça Carlos Chagas
Belo Horizonte
30170-140
ayine.com.br
info@ayine.com.br

Isbn 978-85-92649-86-9

Sumário

12 Threshold
   Limiar

18 Telemachus
   Telêmaco
22 Trojan
   Troiano
26 Aubade with Burning City
   Canção matinal com cidade em chamas
32 A Little Closer to the Edge
   Um passo rumo ao precipício
36 Immigrant Haibun
   Haibun do imigrante
44 Always & Forever
   Sempre & para sempre
48 My Father Writes from Prison
   Meu pai escreve da cadeia
52 Headfirst
   De cabeça
56 In Newport I Watch My Father Lay
     His Cheek to a Beached Dolphin's Wet Back
   Em Newport eu vejo meu pai encostar
     seu rosto no dorso molhado de um golfinho
62 The Gift
   A dádiva

66	Self-Portrait as Exit Wounds
	Autorretrato crivado de balas
74	Thanksgiving 2006
	Dia de Ação de Graças 2006
78	Homewrecker
	Destruidor de lares
82	Of Thee I Sing
	Sobre ti eu canto
86	Because It's Summer
	Porque é verão
90	Into the Breach
	Brecha adentro
96	Anaphora as Coping Mechanism
	Anáfora como mecanismo de enfrentamento
100	Seventh Circle of Earth
	Sétimo Círculo da Terra
104	On Earth We're Briefly Gorgeous
	Sobre a Terra fomos lindos brevemente
112	Eurydice
	Eurídice
116	Untitled (Blue, Green, and Brown):
	oil on canvas: Mark Rothko: 1952
	Sem título (azul, verde e marrom):
	óleo sobre tela: Mark Rothko: 1952
118	Queen Under The Hill
	Rainha sob a colina
124	Torso of Air
	Um torso de ar
126	Prayer for the Newly Damned
	Oração pelos recém-condenados

130	To My Father / To My Future Son
	A meu Pai / A meu futuro filho
136	Deto(nation)
	Deto(nação)
138	Ode to Masturbation
	Ode à masturbação
150	Notebook Fragments
	Fragmentos de um caderno de notas
162	The Smallest Measure
	A menor das medidas
168	Daily Bread
	Pão diário
174	Odysseus Redux
	Odisseu redivivo
178	Logophobia
	Logofobia
183	Someday I'll Love Ocean Vuong
	Algum dia eu vou amar Ocean Vuong
186	Devotion
	Devoção
191	Notas
193	Agradecimentos

tặng mẹ (và ba tôi)

for my mother
(& father)

tặng mẹ (và ba tôi)

para minha mãe
(& meu pai)

The landscape crossed
out with a pen
reappears here

Bei Dao

A paisagem riscada
à caneta
reaparece aqui

Bei Dao

Night sky
with exit wounds

Céu noturno
crivado de balas

Threshold

In the body, where everything has a price,
    I was a beggar. On my knees,

I watched, through the keyhole, not
    the man showering, but the rain

falling through him: guitar strings snapping
    over his globed shoulders.

He was singing, which is why
    I remember it. His voice—

it filled me to the core
    like a skeleton. Even my name

knelt down inside me, asking
    to be spared.

He was singing. It is all I remember.
    For in the body, where everything has a price,

I was alive. I didn't know
    there was a better reason.

Limiar

No corpo, onde tudo tem seu preço,
 eu era um mendigo. Ajoelhado,

olhava, pela fechadura, não
 o homem no banho, mas a chuva

a atravessar seu corpo: cordas de guitarra a
 estalar sobre ombros em forma de globo.

Ele cantava, e é por isso
 que eu lembro. Sua voz—

me preenchia até o osso
 como um esqueleto. Até mesmo meu nome

se ajoelhava dentro de mim, pedindo
 para ser poupado.

Ele cantava. É tudo que lembro.
 Pois no corpo, onde tudo tem seu preço,

eu estava vivo. Eu não sabia
 que havia motivo melhor.

That one morning, my father would stop
   —a dark colt paused in downpour—

& listen for my clutched breath
   behind the door. I didn't know the cost

of entering a song—was to lose
   your way back.

So I entered. So I lost.
   I lost it all with my eyes

wide open.

Que certa manhã meu pai ia parar
   —potro negro em tempestade—

& tentar escutar minha respiração contida
   atrás da porta. Eu não sabia que o custo

de entrar numa canção—era perder
   o caminho de volta.

Por isso entrei. Por isso perdi.
   Perdi tudo com meus olhos

bem abertos.

Telemachus

Like any good son, I pull my father out
of the water, drag him by his hair

through white sand, his knuckles carving a trail
the waves rush in to erase. Because the city

beyond the shore is no longer
where we left it. Because the bombed

cathedral is now a cathedral
of trees. I kneel beside him to see how far

I might sink. *Do you know who I am,
Ba?* But the answer never comes. The answer

is the bullet hole in his back, brimming
with seawater. He is so still I think

he could be anyone's father, found
the way a green bottle might appear

at a boy's feet containing a year
he has never touched. I touch

Telêmaco

Como todo bom filho, puxo o pai para fora
da água, arrasto seu corpo pelos cabelos

pela areia branca, os nós dos dedos entalhando uma trilha
que as ondas se apressam em logo apagar. Porque a cidade

além desta orla já não está
onde a deixamos. Porque a catedral

bombardeada é agora uma catedral
de árvores. Me ajoelho a seu lado para ver até onde

posso afundar. *Sabe quem eu sou,
Ba?* Mas jamais há resposta. A resposta

é o buraco de bala nas costas, embainhado
por água do mar. Ele está tão imóvel que penso

que podia ser o pai de qualquer um, encontrado
como uma garrafa verde pode aparecer

aos pés de um menino contendo um ano
que ele jamais tocou. Toco

his ears. No use. I turn him
over. To face it. The cathedral

in his sea-black eyes. The face
not mine—but one I will wear

to kiss all my lovers good-night:
the way I seal my father's lips

with my own & begin
the faithful work of drowning.

suas orelhas. Não adianta. Viro seu
corpo. Para vê-lo. A catedral

em seus olhos, negros como o mar. O rosto
que não é meu—mas um que vou usar

para beijar qualquer amante na despedida noturna:
o modo como selo os lábios do pai

com os meus & começo
a fiel tarefa de me afogar.

Trojan

A finger's worth of dark from daybreak, he steps
    into a red dress. A flame caught
        in a mirror the width of a coffin. Steel glinting
in the back of his throat. A flash, a white
                asterisk. Look
how he dances. The bruise-blue wallpaper peeling
    into hooks as he twirls, his horse
-head shadow thrown on the family
                      portraits, glass cracking beneath
its stain. He moves like any
    other fracture, revealing the briefest doors. The dress
        petaling off him like the skin
of an apple. As if their swords
    aren't sharpening
inside him. This horse with its human
face. This belly full of blades
    & brutes. As if dancing could stop the heart
of his murderer from beating
    between his ribs. How easily a boy in a dress
             the red of shut eyes
vanishes
    beneath the sound of his own
galloping. How a horse will run until it breaks
            into weather—into wind. How like

Troiano

A um dedo de a escuridão virar aurora, ele adentra
   um vestido vermelho. Uma chama capturada
      num espelho da largura de um caixão. Aço cintila
na sua garganta. Um clarão, um
          asterisco branco. Veja
como ele dança. O papel de parede cor de hematoma descasca
   em ganchos ao seu giro, a sombra de sua
cabeça de cavalo recai sobre os retratos
          de família, vidro racha sob
a mancha. Ele se move como
   toda fratura, revelando as portas mais breves. O vestido
      se despetala como casca
de maçã. Como se suas espadas
   não se fossem afiando
dentro dele. Este cavalo com rosto
humano. Esta barriga cheia de lâminas
   & brutos. Como se dançar impedisse o coração
de seu assassino de pulsar
   em seu tórax. Como é fácil um menino num vestido
          da cor de olhos fechados
sumir
   em meio ao som de seu próprio
galope. Como um cavalo que corre até virar
        ar—até virar vento. Como veem

the wind, they will see him. They will see him
                                    clearest
when the city burns.

o vento, vão vê-lo também. Vão vê-lo
melhor
assim que a cidade incendeie.

Aubade with Burning City

South Vietnam, April 29, 1975: Armed
Forces Radio played Irving Berlin's «White
Christmas» as a code to begin Operation
Frequent Wind, the ultimate evacuation of
American civilians and Vietnamese refugees
by helicopter during the fall of Saigon.

Milkflower petals in the street
                         like pieces of a girl's dress.

May your days be merry and bright ...

He fills a teacup with champagne, brings it to her lips.
   Open, he says.
       She opens.
              Outside, a soldier spits out
his cigarette as footsteps fill the square like stones
                   fallen from the sky. *May*
all your Christmases be white
     as the traffic guard unstraps his holster.

               His fingers running the hem
of her white dress. A single candle.
                   Their shadows: two wicks.
A military truck speeds through the intersection, children
       shrieking inside. A bicycle hurled
through a store window. When the dust rises, a black dog

Canção matinal
com cidade em chamas

Vietnã do Sul, 29 de abril de 1975: A
Rádio das Forças Armadas tocava «White
Christmas» (Natal Branco), de Irving Berlin,
como código para dar início à Operação
Vento Constante, a evacuação final dos civis
americanos e dos refugiados vietnamitas de
helicóptero durante a queda de Saigon.

Pétalas de jasmim pelas ruas
                como partes de um vestido de menina.

Que seus dias sejam felizes e brilhantes...

Ele enche de champanhe a xícara, leva aos lábios dela.
  Abra, ele diz.
      Ela abre.
           Fora, um soldado cospe
o seu cigarro enquanto passos enchem a praça
                como pedras caídas do céu. *Que*
seus Natais sejam todos brancos
    e o guarda de trânsito já tira seu coldre.

           Os dedos dele percorrem a barra
do vestido branco da menina. Uma só vela.
              Suas sombras: dois pavios.
Um caminhão militar passa rápido na esquina, crianças
         gritando lá dentro. Uma bicicleta é lançada
na vitrine da loja. Quando a poeira sobe, um cão negro

lies panting in the road. Its hind legs
                            crushed into the shine
      of a white Christmas.
On the bed stand, a sprig of magnolia expands like
  a secret heard
                    for the first time.

The treetops glisten and children listen, the chief of police
      facedown in a pool of Coca-Cola.
      A palm-sized photo of his father soaking
beside his left ear.

The song moving through the city like a widow.
    A white ... A white ... I'm dreaming of a curtain of snow

        falling from her shoulders.

Snow scraping against the window. Snow shredded
                with gunfire. Red sky.
  Snow on the tanks rolling over the city walls.
A helicopter lifting the living just
                    out of reach.

  The city so white it is ready for ink.

      The radio saying run run run.
Milkflower petals on a black dog
    like pieces of a girl's dress.

May your days be merry and bright. She is saying
  something neither of them can hear. The hotel rocks
    beneath them. The bed a field of ice.

ofega deitado na rua. Suas patas traseiras
                esmagadas no brilho
de um Natal branco.
No criado-mudo, a magnólia em ramo expande
  como um segredo
                ouvido pela primeira vez.

As árvores luzindo e as crianças ouvindo, o chefe de polícia
    caído com a cara numa poça de Coca-Cola.
    A foto do pai do tamanho de um punho encharcada
ao lado da orelha esquerda.

A música se move pela cidade como uma viúva.
  Branco... Branco... Sonho com uma cortina de neve

          caindo de seus ombros.

Neve arranhando a janela. Neve estilhaçada
        a tiros. Céu vermelho.
  Neve nos tanques que escalam os muros.
Um helicóptero alça os vivos
                além do alcance.

  A cidade tão branca está pronta para a tinta.

    A rádio manda corre corre corre.
Pétalas de jasmim sobre negro cão
    como partes de um vestido de menina.

Que seus dias sejam felizes e brilhantes. Ela diz
  algo que nenhum dos dois escuta. O hotel treme
    sob os pés. A cama um campo de gelo.

Don't worry, he says, as the first shell flashes
    their faces, *my brothers have won the war*
                      and tomorrow ...
    The lights go out.

I'm dreaming. I'm dreaming ...
    to hear sleigh bells in the snow ...

In the square below: a nun, on fire,
    runs silently toward her god—

    Open, he says.
              She opens.

Tenha calma, ele diz, quando a bomba, a primeira, ilumina
seus rostos, *meus irmãos venceram a guerra*
e amanhã...
As luzes se apagam.

Estou sonhando. Estou sonhando...
ouvir os sinos do trenó na neve...

Na praça lá embaixo: uma freira, em chamas,
corre em silêncio rumo a seu deus –

Abra, ele diz.
Ela abre.

A Little Closer
to the Edge

Young enough to believe nothing
will change them, they step, hand in hand,

into the bomb crater. The night full
of black teeth. His faux Rolex, weeks

from shattering against her cheek, now dims
like a miniature moon behind her hair.

In this version, the snake is headless—stilled
like a cord unraveled from the lovers' ankles.

He lifts her white cotton skirt, revealing
another hour. His hand. His hands. The syllables

inside them. O father, O foreshadow, press
into her—as the field shreds itself

with cricket cries. Show me how ruin makes a home
out of hip bones. O mother,

O minute hand, teach me
how to hold a man the way thirst

Um passo rumo
ao precipício

Jovens a ponto de imaginar que nada irá
mudá-los, seguem de mãos dadas

à cratera da bomba. A noite cheia
de dentes pretos. O Rolex falso dele, que em

semanas vai se estilhaçar no rosto dela,
agora se esconde como uma lua sob os seus cabelos.

Nessa versão, a serpente é acéfala—só um manso
cordão enlaçando os tornozelos dos amantes.

Ao levantar a saia branca de algodão ele revela
mais uma hora. A mão dele. As mãos dele. As sílabas

que há nelas. Ó pai, Ó prenúncio, pôr pressão
dentro dela—como o campo estilhaça a si mesmo

com gritos de grilos. Me mostrem como a ruína
faz dos ossos do quadril uma casa. Ó mãe,

Ó mão diminuta, me ensina
a segurar um homem como a sede

holds water. Let every river envy
our mouths. Let every kiss hit the body

like a season. Where apples thunder
the earth with red hooves. & I am your son.

segura a água. Que cada rio inveje
as nossas bocas. Que cada beijo caia sobre o corpo

como uma estação. Em que as maçãs trovejam
a terra com cascos vermelhos. & eu sou teu filho.

Immigrant Haibun

The road which leads me to you is safe
even when it runs into oceans.
Edmond Jabès

Then, as if breathing, the sea swelled beneath us. If you must know anything, know that the hardest task is to live only once. That a woman on a sinking ship becomes a life raft—no matter how soft her skin. While I slept, he burned his last violin to keep my feet warm. He lay beside me and placed a word on the nape of my neck, where it melted into a bead of whiskey. Gold rust down my back. We had been sailing for months. Salt in our sentences. We had been sailing—but the edge of the world was nowhere in sight.

*

When we left it, the city was still smoldering. Otherwise it was a perfect spring morning. White hyacinths gasped in the embassy lawn. The sky was September-blue and the pigeons went on pecking at bits of bread scattered from the bombed bakery. Broken baguettes. Crushed croissants. Gutted cars. A carousel spinning its blackened horses. He said the shadow of missiles growing larger on the sidewalk looked like god

Haibun
do imigrante

A estrada que me leva a você é segura
mesmo ao passar por oceanos.
Edmond Jabès

Então, como se respirando, o mar inchou sob os nossos pés. Se for para saber apenas uma coisa, saiba que a tarefa mais difícil é viver só uma vez. Que uma mulher num navio naufragando se transforma em salva-vidas—pouco importa quão macia é sua pele. Enquanto eu dormia, ele queimou seu derradeiro violino para manter quentes meus pés. Ele se deitou ao meu lado e depôs uma palavra em minha nuca, que derreteu e virou uma gota de uísque. Ferrugem dourada descendo as minhas costas. Navegávamos havia meses. Sal em nossas frases. Navegávamos—mas a beira do mundo ainda não estava à vista.

*

Quando partimos, a cidade ainda ardia. Fora isso era uma perfeita manhã de primavera. Jacintos brancos ofegavam no gramado da embaixada. O céu era azul de setembro e os pombos bicavam farelos de pão espalhados pela bomba na panificadora. Baguetes partidas. Croissants esmagados. Carros estripados. Um carrossel girando seus cavalos enegrecidos. Ele disse que a sombra dos mísseis crescendo na calçada parecia

playing an air piano above us. He said *There is so much I need to tell you.*

*

Stars. Or rather, the drains of heaven—waiting. Little holes. Little centuries opening just long enough for us to slip through. A machete on the deck left out to dry. My back turned to him. My feet in the eddies. He crouches beside me, his breath a misplaced weather. I let him cup a handful of the sea into my hair and wring it out. *The smallest pearls—and all for you.* I open my eyes. His face between my hands, wet as a cut. *If we make it to shore*, he says, *I will name our son after this water. I will learn to love a monster.* He smiles. A white hyphen where his lips should be. There are seagulls above us. There are hands fluttering between the constellations, trying to hold on.

*

The fog lifts. And we see it. The horizon—suddenly gone. An aqua sheen leading to the hard drop. Clean and merciful—just like he wanted. Just like the fairy tales. The one where the book closes and turns to laughter in our laps. I pull the mast to full sail. He throws my name into the air. I watch the syllables crumble into pebbles across the deck.

*

Furious roar. The sea splitting at the bow. He watches it open like a thief staring into his own heart: all bones and splintered wood. Waves rising on both sides. The ship

deus tocando um piano imaginário sobre nossas cabeças. Ele disse *Tem tanta coisa que eu preciso te contar.*

*

Estrelas. Ou melhor, os ralos celestes—à espera. Pequenos orifícios. Pequenos séculos se abrindo brevemente só para passarmos. Um facão posto para secar no convés. Minhas costas voltadas para ele. Meus pés no turbilhão. Ele se agacha a meu lado, seu hálito é um clima fora de lugar. Deixo que ele jogue um punhado de água do mar nos meus cabelos e depois que os torça. *As menores pérolas—e todas para você.* Abro os olhos. Seu rosto em minhas mãos, molhado como um corte. *Se chegarmos à praia, vou dar a nosso filho o nome dessa água. Vou aprender a amar um monstro.* Ele sorri. Um hífen branco onde deviam ser seus lábios. Há gaivotas sobre nós. Há mãos tremendo entre as constelações, tentando persistir.

*

A cerração sobe. E nós vemos. O horizonte—sumiu de repente. Um brilho d'água leva à dura queda. Simples e sem dor—do jeito que ele queria. O jeito dos contos de fada. Aquele em que o livro se fecha e vira riso em nosso colo. Encho a vela do mastro. Ele lança meu nome no ar. Vejo as sílabas se desmancharem em pedrinhas no convés.

*

Rugido furioso. O mar se divide na proa. Ele olha a água abrir como um ladrão que vê seu próprio coração: só ossos e madeira lascada. Ondas sobem dos dois lados. O barco

encased in liquid walls. *Look!* he says, *I see it now!* He's jumping up and down. He's kissing the back of my wrist as he clutches the wheel. He laughs but his eyes betray him. He laughs despite knowing he has ruined every beautiful thing just to prove beauty cannot change him. And here's the kicker: there's a cork where the sunset should be. It was always there. There's a ship made from toothpicks and superglue. There's a ship in a wine bottle on the mantel in the middle of a Christmas party—eggnog spilling from red Solo cups. But we keep sailing anyway. We keep standing at the bow. A wedding-cake couple encased in glass. The water so still now. The water like air, like hours. Everyone's shouting or singing and he can't tell whether the song is for him—or the burning rooms he mistook for childhood. Everyone's dancing while a tiny man and woman are stuck inside a green bottle thinking someone is waiting at the end of their lives to say *Hey! You didn't have to go this far. Why did you go so far?* Just as a baseball bat crashes through the world.

*

If you must know anything, know that you were born because no one else was coming. The ship rocked as you swelled inside me: love's echo hardening into a boy. Sometimes I feel like an ampersand. I wake up waiting for the crush. Maybe the body is the only question an answer can't extinguish. How many kisses have we crushed to our lips in prayer—only to pick up the pieces? If you must know, the best way to understand a man is with your teeth. Once, I swallowed the rain through a whole green thunderstorm. Hours lying on my back, my girlhood open. The field everywhere beneath me.

encaixotado em duas líquidas paredes. *Veja!*, ele diz, *agora eu vejo!* Ele está saltitando. Ele beija as costas da minha mão enquanto agarra o leme. Ele ri mas seus olhos o traem. Ele ri embora saiba que arruinou tudo que é belo só para provar que a beleza não tem o poder de transformá-lo. E eis a ironia: no lugar onde o pôr do sol devia estar há uma rolha. Ela sempre esteve lá. Há um navio feito de palitos de dentes e supercola. Há um navio em uma garrafa de vinho sobre a lareira em meio a uma festa de Natal—gemada com álcool espirrando de copos vermelhos gigantes. Mas navegamos mesmo assim. Insistimos em ficar de pé na proa. Casal de bolo de noiva numa cripta de vidro. A água agora tão calma. A água como o ar, como as horas. Todos gritam ou cantam e ele não sabe se a canção é para ele—ou para os quartos em chamas que ele confundiu com infância. Todos dançam enquanto um diminuto casal preso numa garrafa verde acha que alguém os aguarda ao fim de suas vidas para dizer *Ei! Vocês não precisavam vir tão longe. Por que foram tão longe?* Bem na hora em que um taco de beisebol estilhaça o planeta.

*

Se for para saber só uma coisa, saiba que nasceu porque não havia mais ninguém a caminho. O barco balançava enquanto você inchava dentro de mim: o eco do amor se consolidando em um menino. Às vezes me sinto como um &. Acordo esperando ser destroçada. Talvez o corpo seja a única pergunta que não pode ser extinta por uma resposta. Quantos beijos trituramos em nossos lábios em oração—só para catar os pedaços? Se você tiver que saber, o melhor modo de compreender um homem é com teus dentes. Uma vez, engoli a chuva durante toda uma tempestade verde. Horas deitada de costas, minha feminilidade aberta.

How sweet. That rain. How something that lives only to fall can be nothing but sweet. Water whittled down to intention. Intention into nourishment. Everyone can forget us—as long as you remember.

*

    Summer in the mind.
God opens his other eye:
    two moons in the lake.

O campo em toda parte sob mim. Que doce. Aquela chuva. Como só pode ser doce algo que vive apenas para cair. A água se amainou em intenção. A intenção se amainou em alimento. Todo mundo pode esquecer a gente—desde que você se lembre.

*

Verão na cabeça.
Deus descerra o outro olho:
luar duplo no lago.

Always & Forever

Open this when you need me most,
    he said, as he slid the shoe box, wrapped

in duct tape, beneath my bed. His thumb,
    still damp from the shudder between mother's

thighs, kept circling the mole above my brow.
    The devil's eye blazed between his teeth

or was he lighting a joint? It doesn't matter. Tonight
    I wake & mistake the bathwater wrung

from mother's hair for his voice. I open
    the shoe box dusted with seven winters

& here, sunk in folds of yellowed news
    -paper, lies the Colt .45—silent & heavy

as an amputated hand. I hold the gun
    & wonder if an entry wound in the night

would make a hole wide as morning. That if
    I looked through it, I would see the end of this

Sempre & para sempre

Abra isso quando eu for mais necessário,
 ele disse, e arrastou envolta em fita adesiva

uma caixa de sapatos sob a cama. O dedo,
 ainda molhado do arrepio em meio às coxas

da mãe, circundava a marca em minha testa.
 O olho do demônio ardia entre seus dentes

ou era um baseado sendo aceso? Não importa. Hoje
 acordo à noite & confundo a água que cai dos cabelos

da mãe com a voz dele. Abro
 a caixa de sapatos com o pó de sete invernos

& ali, afundada em dobras de jornais amarelados,
 eis a Colt .45—quieta & pesada

como mão amputada. Seguro a arma
 & penso se uma ferida de entrada na noite

iria abrir um rombo do tamanho da manhã. E se,
 olhando por ele, eu veria o final

sentence. Or maybe just a man kneeling
    at the boy's bed, his grey overalls reeking of gasoline

& cigarettes. Maybe the day will close without
    the page turning as he wraps his arms around

the boy's milk-blue shoulders. The boy pretending
    to be asleep as his father's clutch tightens.

The way the barrel, aimed at the sky, must tighten
    around a bullet

to make it speak

desta frase. Talvez eu só visse um sujeito ajoelhado
perto da cama do menino, sobretudo cinza com fedor
[de gasolina

& cigarros. Talvez termine o dia sem
virar a página enquanto ele envolve em seus braços

os ombros azul-leite do menino. O menino que finge
dormir enquanto o abraço aperta mais.

Como o tambor, mirando o céu, deve apertar-se
sobre a bala

para fazer com que ela fale

My Father Writes from Prison

Lan oi,

Em khỏe khong? Giờ em đang ở đâu? Anh nhớ em va con qua. Hơn nữa & there are things / I can say only in the dark / how one spring / I crushed a monarch midflight / just to know how it felt / to have something change / in my hands / here are those hands / some nights they waken when touched / by music or rather the drops of rain / memory erases into music / hands reaching for the scent of lilacs / in the moss-covered temple a shard / of dawn in the eye of a dead / rat your voice on the verge of / my hands that pressed the 9mm to the boy's / twitching cheek I was 22 the chamber / empty I didn't know / how easy it was / to be gone these hands / that dragged the saw through bluest 4 a.m. / cricket screams the kapok's bark spitting / in our eyes until one or two collapsed / the saw lodged in blue dark until one or three / started to run from their country into / their country / the ak-47 the lord whose voice will stop / the lilac / how to close the lilac / that opens daily from my window / there's a lighthouse / some nights you are the lighthouse / some nights the sea / what this means is that I don't know / desire other than the need / to be shattered & rebuilt / the mind forgetting / the body's crime of living / again dear Lan or / Lan oi what does

Meu pai escreve da cadeia

Lan oi,

Em khỏe khong? Giờ em đang ở đâu? Anh nhớ em va con qua. Hơn nữa & tem coisas / que eu só posso dizer no escuro / como a vez na primavera / em que esmaguei uma monarca em pleno voo / só para saber a sensação / de uma coisa mudar/ nas minhas mãos / eis aquelas mãos / às vezes elas acordam à noite tocadas / por música ou pingos da chuva / a memória se apaga na música / mãos em busca do perfume de lilases / no templo coberto de musgo um caco / de aurora no olhar de um rato / morto a tua voz à beira das / minhas mãos que encostaram a 9 mm / no rosto trêmulo do menino eu tinha 22 o tambor / vazio eu não sabia / como era fácil / ir embora essas mãos / que arrastaram a serra atravessando o mais azul das 4 da manhã / gritos de grilo a casca da paina cuspindo / nos nossos olhos até um ou dois desabarem / a serra repousando no azul-escuro até que um ou três / vieram correndo do país deles para / o país deles / o ak-47 o senhor cuja voz irá parar / os lilases / como fechar o lilás / que se abre todo dia na minha janela / há um farol / tem noites que você é o farol / em outras o mar / isso quer dizer que eu não sei / desejar nada além da necessidade / de ser estilhaçado & reconstruído / a mente esquecendo / o crime do corpo que é viver / de novo caro Lan ou / Lan oi que diferença faz / tem um cara na cela ao lado que

it matter / there's a man in the next cell who begs / nightly for his mother's breast / a single drop / I think my eyes are like his / watching the night bleed through / the lighthouse night that cracked mask / I wear after too many rifle blows / Lan oi! Lan oi! Lan oi! / I'm so hungry / a bowl of rice / a cup of you / a single drop / my clock-worn girl / my echo trapped in '88 / the cell's too cold tonight & there are things / I can say only where the monarchs / no longer come / with wings scraping the piss-slick floor for fragments of a / phantom woman I push my face / against a window the size of your palm where / beyond the shore / a grey dawn lifts the hem of your purple dress / & I ignite

implora / toda noite pelo peito da mãe / uma gota só / acho que meus olhos são como os dele / olhando a noite sangrar pela / noite do farol aquela máscara rachada / que uso depois de muitas explosões de rifle / Lan oi! Lan oi! Lan oi! / Tenho tanta fome / uma tigela de arroz / uma xícara de você / uma gota só / minha menina gasta pelo tempo / meu eco preso em 1988 / a cela está fria demais esta noite & tem coisas / que só posso dizer quando as monarcas / pararem de vir / com asas rapando o piso liso de mijo em busca de fragmentos de uma / mulher fantasma comprimo o rosto / na janela do tamanho da palma da tua mão onde / além da orla / uma aurora cinza ergue a barra do teu vestido roxo / & me incendeio

Headfirst

Không có gì bằng cơm với cá.
Không có gì bằng má với con.
Vietnamese proverb

Don't you know? A mother's love
                          neglects pride
            the way fire
neglects the cries
        of what it burns. My son,
                              even tomorrow
you will have today. Don't you know?
                There are men who touch breasts
                    as they would
            the tops of skulls. Men
who carry dreams
        over mountains, the dead
                        on their backs.
But only a mother can walk
                with the weight
of a second beating heart.
                            Stupid boy.
       You can get lost in every book
but you'll never forget yourself
                    the way god forgets

De cabeça

Không có gì bằng cơm với cá.
Không có gì bằng má với con.
Provérbio vietnamita

Você não sabe? O amor de mãe
                ignora o amor-próprio
       como o fogo ignora
os gritos sonoros
      daquilo que queima. Meu filho,
               mesmo amanhã
você vai ter o hoje. Você não sabe?
        Alguns homens tocam seios
            como tocassem
o topo de crânios. Homens
que ultrapassam montanhas
      levando seus sonhos, seus mortos
                   nas costas.
Mas só uma mãe pode andar
          com o peso
de um segundo coração que bate.
                  Garoto tolo.
    Talvez você se perca em todo livro
mas jamais vai se esquecer de si
         como deus esquece

his hands.
                When they ask you
                        where you're from,
tell them your name
        was fleshed from the toothless mouth
                      of a war-woman.
That you were not born
        but crawled, headfirst—
into the hunger of dogs. My son, tell them
                the body is a blade that sharpens
        by cutting.

as próprias mãos.
    Quando alguém te perguntar
    de onde você é,
responda sempre que o teu nome
   virou carne na boca banguela
       de uma mulher da guerra.
Que você não nasceu,
   que você rastejou, de cabeça—
rumo à fome dos cães. Meu filho, responda
    que o corpo é uma lâmina que se afia
   cortando.

In Newport I Watch My Father Lay His Cheek to a Beached Dolphin's Wet Back

& close his eyes. His hair the shade
                                         of its cracked flesh.
His right arm, inked with three falling
                                         phoenixes—torches
marking the lives he had
                                         or had not taken—cradles
the pinkish snout. Its teeth
                                         gleaming like bullets.
Huey. Tomahawk. Semi
                                         -automatic. I was static
as we sat in the Nissan, watching waves
                                         brush over our breaths
when he broke for shore, hobbled
                                         on his gimp leg. Mustard
-yellow North Face jacket
                                         diminishing toward the grey life
smeared into ours. Shrapnel
                                         -strapped. Bushwhacker. The last time
I saw him run like that, he had
                                         a hammer in his fist, mother

Em Newport eu vejo meu pai encostar seu rosto no dorso molhado de um golfinho na areia

& fechar os olhos. Cabelos do tom
         da carne gretada.
O braço direito, três fênix em queda
         tatuadas—tochas
que marcam cada vida que tirou
         ou não tirou—embala
o focinho rosado. Seus dentes
         brilham como balas.
Huey. Tomahawk. Semi-
         -automático. Sentei estático
no banco do Nissan, olhando ondas
         recobrirem a nossa respiração
quando ele partiu para a praia,
         mancando. A jaqueta amarelo-
-mostarda da North Face
         sumindo rumo à vida cinza
manchava as nossas. Granada
         de mão. Guerrilheiro. Da última vez
que o vi correr assim, ele tinha na mão
         um martelo, minha mãe

a nail-length out of reach.
                      America. America a row of streetlights flickering on his whiskey
                                -lips as we ran. A family screaming down Franklin Ave.
                    ADD. PTSD. POW. Pow. Pow. Pow says the sniper. Fuck you
                        says the father, tracers splashing through palm leaves. Confetti
                        green, how I want you green. Green despite the red despite
                            the rest. His knees sunk in ink-black mud, he guides
                      a ribbon of water to the pulsing blowhole. Ok. Okay. AK
                            -47. I am eleven only once as he kneels to gather the wet refugee
                                into his arms. Waves swallowing
                          his legs. The dolphin's eye gasping like a newborn's
                            mouth. & once more I am swinging open
                        the passenger door. I am running toward a rusted horizon, running
                            out of a country to run out of. I am chasing my father
                          the way the dead chase after days—& although I am still
                            too far to hear it, I can tell, by the way his neck tilts
                            to one side, as if broken,

a um prego de distância.
 América. A América uma fila de luzes de rua
tremulando em seus lábios de
 uísque enquanto corríamos. Uma família
gritando e correndo na Franklin Ave.
 TDAH. TEPT. Prisioneiro de guerra. Pá. Pá. Pá
diz o atirador. Vá se foder
 diz o pai, rastreadores respingando
entre as folhas de palmeiras. Confete
 verde, que te quero verde.
Verde muito embora o rubro muito embora
 o resto. Joelhos atolados
numa lama negra, ele orienta
 uma fita de água ao pulso vivo
do respiradouro. Ok. Okay. AK-
 -47. Só tenho onze uma vez
quando ele dobra seus joelhos para pegar nos braços
 o refugiado molhado. Ondas
engolindo
 suas pernas. Os olhos do golfinho
ofegando como a boca de
 um recém-nascido. & outra vez
abro a minha porta
 do lado do passageiro. Corro
rumo ao horizonte enferrujado, corro
 para fugir de um país de onde é preciso
fugir. Persigo meu pai
 como os mortos perseguem os
dias—& embora ainda esteja
 longe, muito longe para ouvir, eu já sei,
quando o vejo inclinar a cabeça
 para um lado, como se quebrada,

that he is singing

                                        my favorite song

to his empty hands.

que ele canta
                              a minha canção preferida
para as suas mãos vazias.

The Gift

a b c   *a b c*   *a b c*

She doesn't know what comes after.
So we begin again:

a b c   *a b c*   *a b c*

But I can see the fourth letter:
a strand of black hair—unraveled
from the alphabet
& written
on her cheek.

Even now the nail salon
will not leave her: isopropyl acetate,
ethyl acetate, chloride, sodium lauryl
sulfate & sweat fuming
through her pink I ♥ NY t-shirt.

a b c   *a b c*   *a* —the pencil snaps.

The *b* bursting its belly
as dark dust blows
through a blue-lined sky.

A dádiva

a b c   a b c   a b c

Ela não sabe o que vem depois.
Por isso a gente começa de novo:

a b c   a b c   a b c

Mas eu vejo a quarta letra:
uma mecha de cabelo preto—que se desvencilhou
do alfabeto
& se inscreveu
no seu rosto.

O salão de beleza não
sai dela jamais: acetato de isopropilo,
acetato de etila, cloreto, lauriléter sulfato
de sódio & suor exalam de
sua camiseta I ♥ NY cor-de-rosa.

a b c   a b c   a —o lápis quebra.

O *b* que rebenta a barriga
qual pó preto que cruza
o azul do horizonte.

Don't move, she says, as she picks
a wing bone of graphite
from the yellow carcass, slides it back
between my fingers.
Again. & again

I see it: the strand of hair lifting
from her face... how it fell
onto the page—& lived
with no sound. Like a word.
I still hear it.

Não se mexa, diz ela, pegando
um osso da asinha de grafite
da carcaça amarela, e o pondo
novamente entre meus dedos.
De novo. & de novo

Eu vejo: a mecha de cabelo se elevando
de seu rosto... como ela caiu
sobre a folha—& viveu
sem um som. Como uma palavra.
Ainda a ouço.

Self-Portrait
as Exit Wounds

Instead, let it be the echo to every footstep
drowned out by rain, cripple the air like a name

flung onto a sinking boat, splash the kapok's bark
through rot & iron of a city trying to forget

the bones beneath its sidewalks, then through
the refugee camp sick with smoke & half-sung

hymns, a shack rusted black & lit with Bà Ngoại's
last candle, the hogs' faces we held in our hands

& mistook for brothers, let it enter a room illuminated
with snow, furnished only with laughter, Wonder Bread

& mayonnaise raised to cracked lips as testament
to a triumph no one recalls, let it brush the newborn's

flushed cheek as he's lifted in his father's arms, wreathed
with fishgut & Marlboros, everyone cheering as another

brown gook crumbles under John Wayne's M16, Vietnam
burning on the screen, let it slide through their ears,

Autorretrato
crivado de balas

Deixe, ao invés, que seja ele o eco de cada passada
afogada na chuva, que aleije o ar como um nome

jogado num barco que afunda, e respingue na casca da paina
após passar pelo podre & pelo ferro de uma cidade que
                                                          [tenta esquecer

os ossários que há sob as calçadas, depois vá e atravesse
o campo de refugiados, enfermo de fumaça e hinos cantados

até a metade, um barracão enegrecido de ferrugem & onde queima
a última vela de Bà Ngoại, as faces dos sapos que temos nas mãos

& confundimos com irmãos, que entre num salão iluminado
pela neve, cuja única mobília é o som do riso, lá onde pão

& maionese são içados a lábios rachados como prova
de um triunfo de que ninguém se lembra mais, que limpe
                                                          [o rosto corado

do recém-nascido enquanto o pai o pega nos braços,
                                                          [todo enrolado
em vísceras de peixe & Marlboros, todos torcendo enquanto

clean, like a promise, before piercing the poster
of Michael Jackson glistening over the couch, into

the supermarket where a Hapa woman is ready
to believe every white man possessing her nose

is her father, may it sing, briefly, inside her mouth,
before laying her down between jars of tomato

& blue boxes of pasta, the deep-red apple rolling
from her palm, then into the prison cell

where her husband sits staring at the moon
until he's convinced it's the last wafer

god refused him, let it hit his jaw like a kiss
we've forgotten how to give one another, hissing

back to '68, Ha Long Bay: the sky replaced
with fire, the sky only the dead

look up to, may it reach the grandfather fucking
the pregnant farmgirl in the back of his army jeep,

his blond hair flickering in napalm-blasted wind, let it pin
him down to dust where his future daughters rise,

fingers blistered with salt & Agent Orange, let them
tear open his olive fatigues, clutch that name hanging

from his neck, that name they press to their tongues
to relearn the word *live, live, live*—but if

mais um moreninho é abatido pelo M-16 de John Wayne,
                              [o Vietnã
em chamas na tela, que passe por seus ouvidos,

límpido, como uma promessa, antes de pregar o pôster
de Michael Jackson cintilante sobre o sofá, no

supermercado onde uma mulher miscigenada se
dispõe a acreditar que cada branco com nariz igual ao dela

é seu pai, que cante, brevemente, em sua boca,
e só depois a deite entre latinhas de tomate

& o macarrão, enquanto rola da sua mão
a vermelhíssima maçã, depois na cela onde o marido

fica olhando para a lua, ali sentado,
até se convencer de que deus não vai mais

recusar nenhuma hóstia, que acerte o queixo dele como um beijo
que esquecemos como dar um no outro, voando

de volta a 1968, na Baía de Ha Long: o céu
substituído pelo fogo, o céu para onde só olham os mortos,

que alcance o avô que agora trepa com
a camponesa grávida na traseira do seu jipe militar,
o seu cabelo loiro tremulando ao vento de uma bomba
                              [de napalm, que
o prenda ao pó onde as suas filhas vão crescer,

com seus dedos em bolhas & Agente Laranja, que elas

for nothing else, let me weave this deathbeam
the way a blind woman stitches a flap of skin back

to her daughter's ribs. Yes—let me believe I was born
to cock back this rifle, smooth & slick, like a true

Charlie, like the footsteps of ghosts misted through rain
as I lower myself between the sights—& pray

that nothing moves.

rompam as fileiras verde-oliva, agarrem o nome pendurado

em seu pescoço, o nome que elas põem sobre as línguas
para aprender mais uma vez a dizer *viva, viva, viva*—mas, se

não for possível nada mais, que eu possa criar esse
                                                        [raio da morte
como uma cega que costura de novo um pedaço de pele

no corpo da filha. Sim—que eu acredite que nasci
para rearmar este rifle, brilhante e bem lubrificado, como um
                                                         [verdadeiro

vietcongue, como as pegadas de fantasmas toldadas na chuva
enquanto me agacho entre os alvos—& rezo

para que nada se mova.

Thanksgiving 2006

Brooklyn's too cold tonight

& all my friends are three years away.

My mother said I could be anything

I wanted—but I chose to live.

On the stoop of an old brownstone,

a cigarette flares, then fades.

I walk to it: a razor

sharpened with silence.

His jawline etched in smoke.

The mouth where I reenter

this city. Stranger, palpable

echo, here is my hand, filled with blood thin

Dia de Ação de Graças 2006

O Brooklyn está frio demais esta noite

& os meus amigos estão todos a três anos de distância.

A mãe disse que eu podia ser qualquer coisa

que eu quisesse—mas eu escolhi viver.

No degrau de uma casa antiga,

um cigarro queima, e logo apaga.

Vou em sua direção: uma navalha

afiada em silêncio.

Seu queixo gravado em fumaça.

A boca onde eu volto a entrar

nesta cidade. Estranho, eco

palpável, eis a minha mão, cheia de sangue ralo

as a widow's tears. I am ready.

I am ready to be every animal

you leave behind.

como as lágrimas de uma viúva. Estou pronto.

Estou pronto para ser cada animal

que você deixa para trás.

Homewrecker

& this is how we danced: our mothers'
white dresses spilling from our feet, late August

turning our hands dark red. & this is how we loved:
a fifth of vodka & an afternoon in the attic, your fingers

through my hair—my hair a wildfire. We covered
our ears & your father's tantrum turned

to heartbeats. When our lips touched the day closed
into a coffin. In the museum of the heart

there are two headless people building a burning house.
There was always the shotgun above

the fireplace. Always another hour to kill—only to beg
some god to give it back. If not the attic, the car. If not

the car, the dream. If not the boy, his clothes. If not alive,
put down the phone. Because the year is a distance

we've traveled in circles. Which is to say: this is how
we danced: alone in sleeping bodies. Which is to say:

Destruidor de lares

 & nós dançávamos assim: vestidos brancos das mães
que transbordavam nossos pés, o fim de agosto

colorindo as nossas mãos de um rubro escuro. & nos amávamos
            [assim:
com vodca & uma tarde no ático, os teus dedos

entre os meus cabelos—os meus cabelos em fogo. Cobríamos
o ouvido e o chilique do teu pai se transformava

em pulsações. Quando os nossos lábios se tocavam o dia se
            [encerrava
num caixão. No museu do coração

há duas pessoas sem cabeça construindo uma casa em chamas.
A espingarda esteve sempre lá sobre a

lareira. Sempre uma outra hora para matar—só para implorar
a um deus que nos devolva. Se não o ático, o carro. Se não

o carro, o sonho. Se não o menino, as suas roupas. Se não vive,
desligue o telefone. Porque o ano é uma distância

this is how we loved: a knife on the tongue turning
into a tongue.

que viajamos em círculos. O que quer dizer: nós dançávamos assim: sozinhos em corpos que dormem. O que quer dizer:

nós nos amávamos assim: uma faca na língua se transformando em uma língua

Of Thee I Sing

We made it, baby.
                          We're riding in the back of the black
limousine. They have lined
                          the road to shout our names.
They have faith in your golden hair
                          & pressed grey suit.
They have a good citizen
                          in me. I love my country.
I pretend nothing is wrong.
                          I pretend not to see the man
& his blond daughter diving
                          for cover, that you're not saying
my name & it's not coming out
                          like a slaughterhouse.
I'm not Jackie O yet
                          & there isn't a hole in your head, a brief
rainbow through a mist
                          of rust. I love my country
but who am I kidding? I'm holding
                          your still-hot thoughts in,
darling, my sweet, sweet
                          Jack. I'm reaching across the trunk
for a shard of your memory,
                          the one where we kiss & the nation

Sobre ti eu canto

Chegamos lá, meu bem.
                    Andamos no banco de trás da limusine
preta. Alinhados ao lado
                            da rua eles clamam por nós.
Eles creem nos teus louros cabelos
                        & no terno cinza bem passado.
Eles me veem como boa
                          cidadã. Eu amo o meu país.
Finjo que não há nada de errado.
                            Finjo que não vejo o sujeito
& a filha loura mergulharem
                em busca de abrigo, que você não diz
meu nome & que isso não está saindo
                            como um matadouro.
Eu ainda não sou Jackie O
  & uma bala não fez um buraco na tua cabeça, um breve
arco-íris em meio à neblina
                    de ferrugem. Eu amo o meu país
mas quem é que estou enganando? Seguro nas mãos
                      teu pensamento ainda quente,
meu querido, meu amor, querido
                    Jack. Busco sobre o porta-malas
um estilhaço da tua memória,
            aquele em que nós nos beijamos & a nação

glitters. Your slumped back.
                       Your hand letting go. You're all over
the seat now, deepening
              my fuchsia dress. But I'm a good
citizen, surrounded by Jesus
                        & ambulances. I love
this country. The twisted faces.
                My country. The blue sky. Black
limousine. My one white glove
                    glistening pink—with all
our American dreams.

brilha. Tua queda para trás.
>Tua mão me soltando. Você agora ocupa o banco todo, e meu vestido fúcsia
>>vai ficando mais vermelho. Mas eu sou uma boa cidadã, cercada por Jesus
>>>& ambulâncias. Amo este país. Os rostos retorcidos.
>>>>Meu país. O céu azul. A limusine preta. Minha luva branca em uma mão
>>>>>cintilando de rosa—com todos os nossos sonhos americanos.

Because It's Summer

you ride your bike to the park bruised
with 9pm the maples draped with plastic bags
shredded from days the cornfield
freshly razed & you've lied
about where you're going you're supposed
to be out with a woman you can't find
a name for but he's waiting
in the baseball field behind the dugout
flecked with newports torn condoms
he's waiting with sticky palms & mint
on his breath a cheap haircut
& his sister's levis
stench of piss rising from wet grass
it's june after all & you're young
until september he looks different
from his picture but it doesn't matter
because you kissed your mother
on the cheek before coming
this far because the fly's dark slit is enough
to speak through the zipper a thin scream
where you plant your mouth
to hear the sound of birds
hitting water snap of elastic
waistbands four hands quickening

Porque é verão

você vai para o parque pedala a magrela a tua pele
ralada são 9 da noite nos bordos sacolas se agarram
rasgadas há dias o campo de milho
recém-arrasado & você não falou a verdade
mentiu aonde ia e agora estaria
com alguma mulher que nem nome
ainda tem mas agora ele espera
no gramado do campo de beisebol
salpicado por cigarros camisinhas rasgadas
ele espera as mãos suadas & balinha
na boca o cabelo com um corte barato
& as calças da irmã
a grama molhada tem cheiro de mijo
afinal estamos em junho & vocês são jovens
até setembro ele parece diferente
do que você viu na foto não importa
pois você beijou o rosto da
tua mãe antes de vir assim tão longe
a fenda escura da braguilha é o bastante
para poder falar por ela o zíper só um esguio grito
onde você coloca a boca
para ouvir o som das aves
batendo na água estalido de elásticos
sobre cinturas as mãos que são quatro se apressam

into dozens: a swarm of want you wear
like a bridal veil but you don't
deserve it: the boy &
his loneliness the boy who finds you
beautiful only because you're not
a mirror because you don't have
enough faces to abandon you've come
this far to be no one & it's june
until morning you're young until a pop song
plays in a dead kid's room water spilling in
from every corner of summer & you want
to tell him *it's okay* that the night is also a grave
we climb out of but he's already fixing
his collar the cornfield a cruelty steaming
with manure you smear your neck with
lipstick you dress with shaky hands
you say *thank you thank you thank you*
because you haven't learned the purpose
of *forgive me* because that's what you say
when a stranger steps out of summer
& offers you another hour to live

em dúzias: um enxame de desejo você usa
como fosse um véu de noiva mas
você não merece: o menino &
a solidão dele o menino que te acha
bonito por você não ser
espelho por não ter
faces bastantes para abandonar você veio
até aqui pra ser ninguém & é junho
até que amanheça você é jovem até que uma música pop
ressoe no quarto de menino já morto a água espirra de
cada canto do verão & teu desejo
é dizer *tudo bem* para ele e que a noite também é um túmulo
de onde escapamos mas ele já arruma
o colarinho o campo todo é crueldade e fede
a esterco você lambuza batom no
pescoço e se veste com mãos que ainda tremem
e diz *obrigado obrigado obrigado*
por não ter aprendido o propósito
de *perdão* porque é isso que se deve dizer
quando um estranho abandona o verão
& te oferece outra hora de vida

Into the Breach

The only motive that there ever was was to...
keep them with me as long as possible,
even if it meant just keeping a part of them.
Jeffrey Dahmer

I pull into the field & cut the engine.

                        It's simple: I just don't know
                        how to love a man

gently. Tenderness
a thing to be beaten

                        into. Fireflies strung
                        through sapphired air.

You're so quiet you're almost

                        tomorrow.

The body was made soft
to keep us

                        from loneliness.
                        You said that

Brecha adentro

O único motivo que havia era...
mantê-los comigo o maior tempo possível,
mesmo que isso significasse manter apenas uma parte deles.
Jeffrey Dahmer

Entro no mato & desligo o motor.

                        É simples: eu não sei
                        amar um homem

suavemente. O afeto
é algo a ser vencido

                        à força. Vaga-lumes cruzam
                        o ar cor de safira.

Você é tão quieto que é quase

                        amanhã.

Nosso corpo foi feito macio
para evitar

                        a solidão.
                        Você falou isso

as if the car were filling

                        with river water.

Don't worry.
There's no water.

                        Only your eyes

closing.
My tongue

                        in the crux of your chest.
                        Little black hairs

like the legs
of vanished insects.

                        I never wanted

the flesh.
How it never fails

                        to fail
                        so accurately.

But what if I broke through
the skin's thin page

                        anyway
                        & found the heart

como se o carro estivesse alagando

                com água do rio.

Se acalme.
Não há água.

                Só teus olhos

se fechando.
A minha língua

                bem em meio a teu peito.
                Cabelinhos negros

como as pernas
de insetos que já desapareceram.

                Eu nunca quis

a carne.
O modo como a carne nunca falha

                em falhar
                com tamanha precisão.

Mas e se eu rompesse
a fina página da pele

                de algum modo
                & achasse o coração

not the size of a fist
but your mouth opening

                      to the width
                      of Jerusalem. What then?

To love another man—is to leave

                      no one behind

to forgive me.

                      I want to leave
                      no one behind.

To keep
& be kept.

                      The way a field turns
                      its secrets

into peonies.

                      The way light
                      keeps its shadow

by swallowing it.

não do tamanho de um punho
mas a tua boca abrindo

       até as dimensões
       de Jerusalém. E daí?

Amar outro homem—é não deixar

       ninguém pra trás

para me perdoar.

       Eu não quero deixar
       ninguém pra trás.

Possuir
& ser possuído.

       Como um campo que
       transforma os seus segredos

em peônias.

       Como a luz que
       possui sua sombra

engolindo-a.

Anaphora as Coping Mechanism

Can't sleep
so you put on his grey boots—nothing else—& step
inside the rain. *Even though he's gone, you think, I still want
to be clean.* If only the rain were gasoline, your tongue
a lit match, & you can change without disappearing. If only
he dies the second his name becomes a tooth
in your mouth. But he doesn't. He dies when they wheel him
away & the priest ushers you out of the room, your palms
two puddles of rain. He dies as your heart beats faster,
as another war coppers the sky. He dies each night
you close your eyes & hear his slow exhale. Your fist choking
the dark. Your fist through the bathroom mirror. He dies
at the party where everyone laughs & all you want is to go
into the kitchen & make seven omelets before burning
down the house. All you want is to run into the woods & beg
the wolf to fuck you up. He dies when you wake
& it's November forever. A Hendrix record melted
on a rusted needle. He dies the morning he kisses you
for two minutes too long, when he says *Wait* followed by
I have something to say & you quickly grab your favorite
pink pillow & smother him as he cries into the soft
& darkening fabric. You hold still until he's very quiet,
until the walls dissolve & you're both standing in the crowded
train again. Look how it rocks you back & forth like a slow dance

Anáfora como mecanismo de enfrentamento

Impossível dormir
então você calça as botas cinza dele—mais nada—& entra
na chuva. *Mesmo ele tendo ido embora, você pensa, ainda quero
estar limpo.* Se a chuva fosse gasolina, a tua língua
um fósforo aceso, & se você pudesse mudar sem sumir. Se
ele morresse no instante em que seu nome se torna um dente
na tua boca. Mas ele não morre. Ele morre quando o empurram
para longe & o padre te leva pra fora da sala, tuas mãos
duas poças de chuva. Ele morre quando teu coração acelera,
quando outra guerra cobre o céu. Ele morre toda noite
em que você cerra os olhos & ouve seu lento exalar. Teu pulso
                                            [esganando
o escuro. Teu punho atravessa o espelho da pia. Ele morre
na festa em que todo mundo ri & em que você só quer
ir à cozinha & preparar sete omeletes antes de incendiar
a casa. Você só quer correr para a floresta & implorar
ao lobo que te foda. Ele morre quando você acorda
& é para sempre novembro. Um disco do Hendrix derretido
numa agulha enferrujada. Ele morre de manhã ao te beijar por
dois minutos a mais do que devia, quando diz *Espera* e a seguir
Tenho uma coisa pra te dizer & você logo pega a almofada
rosa preferida & o sufoca enquanto ele grita no tecido macio
& cada vez mais escuro. Você segura até que ele fique bem imóvel,
até que as paredes se dissolvam & vocês estejam de volta no trem

seen from the distance of years. You're still a freshman.
You're still terrified of having only two hands. & he doesn't
know your name yet
but he smiles anyway. His teeth reflected in the window
reflecting your lips as you mouth *Hello*—your tongue
a lit match.

lotado. Olha como ele te sacode pra lá & pra cá como numa lenta
dança vista a anos de distância. Você é ainda um calouro. Você ainda
está apavorado por só ter duas mãos. & ele não sabe o teu nome ainda
mas sorri mesmo assim. Os dentes dele refletem na janela
refletindo os teus lábios quando você diz *Oi*—a tua língua
um fósforo aceso.

Seventh Circle of Earth

On April 27, 2011, a gay couple,
Michael Humphrey and Clayton
Capshaw, was murdered by immo-
lation in their home in Dallas, Texas.
Dallas Voice

                      1

      2

              3

---

1   As if my finger, / tracing your collarbone / behind closed doors, / was enough / to erase myself. To forget / we built this house knowing / it won't last. How / does anyone stop / regret / without cutting / off his hands? / Another torch

2   streams through / the kitchen window, / another errant dove. / It's funny. I always knew / I'd be warmest beside / my man. / But don't laugh. Understand me / when I say I burn best / when crowned / with your scent: that earth-sweat / & Old Spice I seek out each night / the days

3   refuse me. / Our faces blackening / in the photographs along the wall. / Don't laugh. Just tell me the story / again, / of the sparrows who flew from falling Rome, / their blazed wings. / How ruin nested inside each thimbled throat / & made it sing

Sétimo Círculo da Terra

Em 27 de abril de 2011, um casal gay, Michael Humphrey e Clayton Capshaw, foi assassinado por imolação em sua casa em Dallas, no Texas.
Dallas Voice

1

2

3

---

1   Como se meu dedo, / passando por tua clavícula / a portas fechadas, / bastasse / para me apagar. Para esquecer / que construímos essa casa já sabendo / que não ia durar. Como é / que alguém interrompe / o arrependimento / sem decepar / as próprias mãos?/ Uma outra luz
2   penetra / na nossa cozinha, / outra pomba vagando. / Engraçado. Eu sempre soube / que seria mais quente ao lado / do meu homem. / Mas não ria. Me entenda / quando digo que queimo melhor / coroado / pelo teu perfume: aquele doce-terreno / & Old Spice que procuro toda noite / os dias
3   me negam. / Nosso rosto enegrecendo / a cada foto no mural / Não ria. Só me conte aquela história / uma outra vez, / sobre os pardais fugindo quando Roma cai, / as asas ardendo. / Como a ruína se instalou em cada gargantinha / & as fez cantar

4

5

6

7

---

4   until the notes threaded to this / smoke rising / from your nostrils. Speak— / until your voice is nothing / but the crackle / of charred
5   bones. But don't laugh / when these walls collapse / & only sparks / not sparrows / fly out. / When they come / to sift through these cinders—& pluck my tongue, / this fisted rose, / charcoaled & choked / from your gone
6   mouth. / Each black petal / blasted / with what's left / of our laughter. / Laughter ashed / to air / to honey to baby / darling, / look. Look how happy we are / to be no one / & still
7   American.

　　　　　　　　　　4

　　　　　　　　　　　　5

　　　　　　　　6

　　　　　　　　　　　　　　7

---

4   até que as notas se fundiram na / fumaça que se eleva / das tuas narinas. Fale — / até que a voz só seja / o crepitar / carbonizado
5   de ossos. Mas não ria / quando essas paredes caírem / & só fagulhas / não pardais / voarem. / Quando vierem remexer nas cinzas—& pegarem a minha língua, / esta rosa agredida, / queimada & asfixiada / da tua finada
6   boca. / Cada pétala preta / uma explosão / do que restou / da nossa risada. / Risada em cinzas / vira ar / vira meu bem vira querido / meu amor, / olhe. Vê como somos felizes / de sermos ninguém / & ainda
7   Americanos.

On Earth We're Briefly Gorgeous

I

Tell me it was for the hunger
& nothing less. For hunger is to give
the body what it knows

it cannot keep. That this amber light
whittled down by another war
is all that pins my hand to your chest.

I

You, drowning stay.
               between my arms—
stay.

You, pushing your body
               into the river
only to be left
               with yourself—
stay.

Sobre a Terra fomos lindos brevemente

I

Me diga que foi pela fome
& nada menos. Pois fome é dar
ao corpo o que ele sabe

não poder reter. Que esta luz âmbar
reduzida por mais uma guerra
é só o que prende minha mão a teu peito.

I

Você, que se afoga
    entre os meus braços—
fique.

Você, que empurra o seu corpo
    no rio
só para ficar
    sozinho—
fique.

I

I'll tell you how we're wrong enough to be forgiven. How one night, after backhanding mother, then taking a chain saw to the kitchen table, my father went to kneel in the bathroom until we heard his muffled cries through the walls. & so I learned—that a man in climax was the closest thing to surrender.

I

Say surrender. Say alabaster. Switchblade.
     Honeysuckle. Goldenrod. Say autumn.
Say autumn despite the green
    in your eyes. Beauty despite
daylight. Say you'd kill for it. Unbreakable dawn
     mounting in your throat.
My thrashing beneath you
    like a sparrow stunned
with falling.

I

Dusk: a blade of honey between our shadows, draining.

I

I wanted to disappear—so I opened the door to a stranger's car. He was divorced. He was sobbing into his hands (hands that tasted like rust). The pink breast- cancer ribbon on his key chain swayed in the ignition. Don't we touch each other just to prove we are still here? I was still here once. The moon, distant & flickering, trapped itself in beads of sweat on my

I

Vou te dizer o quanto a gente se engana sobre o que é ser perdoado. Vou contar como uma noite, depois de um tapa na mãe, de levar uma motosserra à mesa da cozinha, meu pai se ajoelhou no banheiro até que ouvimos seus soluços abafados do outro lado da parede & assim aprendi—que um homem gozando era o que mais se aproximava de uma rendição.

I

Diga rendição. Diga alabastro. Canivete.
                Madressilva. Margarida. Diga outono.
Diga outono apesar do verde
            nos teus olhos. Beleza apesar
da luz do dia. Diga que mataria por isso. Aurora inquebrável
              crescendo na tua garganta.
Minha surra debaixo de ti
            como um pardal aturdido
com a queda.

I

Crepúsculo: uma lâmina de mel em meio às nossas sombras,
                                              [escoando.

I

Eu queria desaparecer—por isso abri a porta do carro de um desconhecido. Ele era divorciado. Ele estava chorando, o rosto entre as mãos (mãos com gosto de ferrugem). A fita rosa do câncer de mama na chave do carro oscilou na ignição.

neck. I let the fog spill through the cracked window & cover
my fangs. When I left, the Buick kept sitting there, a dumb
bull in pasture, its eyes searing my shadow onto the side of
suburban houses. At home, I threw myself on the bed like a
torch & watched the flames gnaw through my mother's house
until the sky appeared, bloodshot & massive. How I wanted
to be that sky—to be filled every flight & fall at once.

I

Say amen. Say amend.

Say yes. Say yes

anyway.

I

In the shower, sweating under cold water, I scrubbed
& scrubbed.

I

It's not too late. Our heads haloed
    with gnats & summer too early to leave
any marks. Your hand
    under my shirt as static
intensifies on the radio.
    Your other hand pointing
your daddy's revolver
    to the sky. Stars dropping one
by one in the crosshairs.

Não nos tocamos simplesmente para provar que ainda estamos aqui? Uma vez ainda estive aqui. A lua, distante & trêmula, se aprisionou em gotas de suor no meu pescoço. Deixei a névoa espirrar pela fresta do vidro & cobrir minhas presas. Quando saí, o Buick continuava ali, um tolo boi no pasto, olhos queimando a minha sombra nas laterais das casas de subúrbio. Em casa, me joguei na cama como uma tocha & vi as chamas corroerem a casa da minha mãe até que apareceu o céu, injetado de sangue e imenso. Como eu queria ser o céu—ser preenchido por todos os voos e todas as quedas de uma só vez.

I

Diga amém. Diga me emendo.

Diga sim. Diga sim

de todo modo.

I

No banho, suando sob a água fria, me esfreguei
& esfreguei.

I

Não é tarde demais. Nossa cabeça com uma auréola
            de mosquitos & verão cedo demais para deixar
qualquer sequela. A tua mão
            sob a minha camiseta enquanto a estática
cresce no rádio.

                This means I won't be
afraid if we're already
                here. Already more than skin
can hold. That a boy sleeping
                beside a boy
must make a field
                full of ticking. That to say your name
is to hear the sound of clocks
                being turned back another hour
& morning
                finds our clothes
on your mother's front porch, shed
                like week-old lilies.

A tua outra mão apontando
o revólver do teu pai
        para o céu. Estrelas despencando uma
a uma na mira.
        Isso quer dizer que não vou
ter medo se a gente já estiver
        aqui. Já é mais do que a pele
pode suportar. Que um menino dormindo
        ao lado de um menino
deva fazer com que um campo
        se encha do barulho de ponteiros. Que dizer
                [teu nome
seja ouvir o som de relógios
        sendo atrasados em mais uma hora
& que a manhã
        encontre nossas roupas
na varanda da casa da tua mãe, murchas
        como lírios depois de uma semana.

Eurydice

It's more like the sound
           a doe makes
when the arrowhead
           replaces the day
with an answer
           to the rib's hollowed
hum. We saw it coming
           but kept walking through the hole
in the garden. Because the leaves
           were pure green & the fire
only a pink brushstroke
           in the distance. It's not
about the light—but how dark
           it makes you depending
on where you stand.
           Depending on where you stand
your name can sound like a full moon
           shredded in a dead doe's pelt.
Your name changed when touched
           by gravity. Gravity breaking
our kneecaps just to show us
           the sky. Why did we
keep saying *Yes*—
           even with all those birds.

Eurídice

É mais como o som
                de uma corça
quando a ponta da flecha
                substitui o dia
por uma resposta
                ao som oco do seu
corpo. Vimos o que vinha
                mas seguimos passando pela fresta
no jardim. Porque as folhas
                eram puro verde & o fogo
uma mera pincelada rosa
                à distância. Não se trata
da luz—mas da escuridão
                que ela traz dependendo
de onde você está.
                Dependendo de onde você está
seu nome soa como a luz do luar
                estraçalhada na pele da corça morta.
Seu nome transformado pelo toque
                da gravidade. A gravidade quebrando
os nossos joelhos só pra nos mostrar
                o céu. Por que seguimos
dizendo sempre *Sim*—
                mesmo com todas aquelas aves?

Who would believe us
                now? My voice cracking
like bones inside the radio.
                Silly me. I thought love was real
& the body imaginary.
                I thought a little chord
was all it took. But here we are—
                standing in the cold field
again. Him calling for the girl.
                The girl beside him.
Frosted grass snapping
                beneath her hooves.

Quem creria na gente
               agora? Minha voz racha
como ossos dentro do rádio.
               Como sou tolo. Achei que o amor era real
& o corpo imaginário.
               Achei que bastava um
pequeno acorde. Mas eis-nos aqui—
               de pé de novo no campo
frio. Ele chamando a moça.
               A moça ao lado dele.
A geada da grama estalando
               sob os pés dela.

Untitled (Blue, Green, and Brown): oil on canvas: Mark Rothko: 1952

The TV said the planes have hit the buildings.
& I said Yes because you asked me
to stay. Maybe we pray on our knees because god
only listens when we're this close
to the devil. There is so much I want to tell you.
How my greatest accolade was to walk
across the Brooklyn Bridge
& not think of flight. How we live like water: wetting
a new tongue with no telling
what we've been through. They say the sky is blue
but I know it's black seen through too much distance.
You will always remember what you were doing
when it hurts the most. There is so much
I need to tell you—but I only earned
one life. & I took nothing. Nothing. Like a pair of teeth
at the end. The tv kept saying *The planes...*
The planes... & I stood waiting in the room
made of broken mockingbirds. Their wings throbbing
into four blurred walls. & you were there.
You were the window.

Sem título (azul, verde e marrom): óleo sobre tela: Mark Rothko: 1952

Os aviões, disse a tevê, colidiram nos prédios.
& eu disse Sim porque você pediu para eu
ficar. Talvez a gente reze de joelhos porque deus
só escuta quando estamos perto assim
do diabo. Tem tanta coisa que eu queria te dizer.
Que o meu maior mérito foi passar
pela Ponte do Brooklin
& não pensar em pular. Que nós vivemos como a água:
                              [molhando
uma nova língua sem contar
o que passamos. Dizem que o céu é azul
mas eu sei que ele é preto a uma grande distância.
Você sempre vai lembrar o que fazia
quando a dor for demais. Tem tanta coisa que
eu preciso te dizer—mas só me deram
uma vida. & eu não fiquei com nada. Nada.
                              [Como um par de dentes
no final. A tevê seguia dizendo. *Os aviões...*
Os aviões... & eu esperava na sala
feita de tordos quebrados. Suas asas vibrando
contra quatro paredes borradas. & você estava lá.
Você era a janela.

Queen Under The Hill

I approach a field. A black piano waits
at its center. I kneel to play
what I can. A single key. A tooth
tossed down a well. My fingers
sliding the slimy gums. Slick lips. Snout. Not
a piano—but a mare
draped in a black sheet. White mouth
sticking out like a fist. I kneel
at my beast. The sheet sunken
at her ribs. A dented piano
where rain, collected
from the night, reflects
a blue sky fallen
into the side of a horse. Blue
thumbprint pressed
from above. As if something needed
to be snuffed out, leaving
this black blossom dropped
on a field where I am only
a visitor. A word exiled
from the prayer, flickering. Wind
streaks the pale grass flat
around us—the horse & I
a watercolor hung too soon

Rainha sob a colina

Me aproximo de um campo. Um piano preto espera
em seu centro. Me ajoelho para tocar
o que posso. Uma única tecla. Um dente
jogado num poço. Meus dedos
deslizam na gengiva pegajosa. Lábios escorregadios.
                                          [Focinho. Não
um piano—mas uma égua
vestida com negro lençol. A boca branca
para fora como um punho. Eu me ajoelho
diante do meu animal. O lençol afundado
nas suas costelas. Um piano amassado
onde chove, colhido
da noite, reflete
um céu azul caído
no flanco de um cavalo. Uma impressão
digital azul feita
de cima. Como se fosse necessário
extinguir algo, deixando
esse botão negro caído
num campo onde eu sou o único
visitante. Uma palavra exilada
da oração, trêmula. O vento
faz a grama desbotada se deitar
à nossa volta—o cavalo & eu

& dripping. Green waves
surround this black rock
where I sit turning bones
to sonatas. Fingers blurred,
I play what I know
from listening to orchards
unleash their sweetest
wrongs. The dent in this
horse wide enough to live
by. Puddle of sky
on earth. As if to look down
on the dead is to look up
at my own face, trampled
by music. If I lift the sheet
I will reveal the heart huge
as a stillbirth. If I lift the sheet
I will sleep beside her
as a four-legged shadow, hoof homed
to hoof. If I close my eyes
I'm inside the piano again
& only. If I close my eyes
no one can hurt me.

uma aquarela pendurada cedo demais
& pingando. Ondas verdes
circundam essa pedra negra
onde eu me sento e transformo ossos
em sonatas. Dedos borrados,
eu toco o que sei
de ouvir os pomares
quando eles libertam suas mais
doces ofensas. O amassado no
cavalo é grande o bastante para levar
a vida. Poça de céu
na terra. Como se olhar para baixo
para os mortos fosse olhar para cima
para o meu rosto, pisoteado
pela música. Se eu levantasse o lençol
revelaria um coração tão grande
quanto um natimorto. Se eu levantar o lençol
vou dormir ao lado dela
como uma sombra de quatro patas, casco
contra meus pés. Se eu fechar meus olhos
estou dentro do piano de novo
& somente. Se eu fechar meus olhos
ninguém pode me ferir.

Torso of Air

Suppose you do change your life.
& the body is more than

a portion of night—sealed
with bruises. Suppose you woke

& found your shadow replaced
by a black wolf. The boy, beautiful

& gone. So you take the knife to the wall
instead. You carve & carve

until a coin of light appears
& you get to look in, at last,

on happiness. The eye
staring back from the other side—

waiting.

Um torso de ar

Suponha que você de fato mude de vida.
& que o corpo seja mais que

uma porção de noite—selado
a contusões. Suponha que você acordasse

& visse que tua sombra foi trocada
por um lobo preto. O garoto, bonito

& desaparecido. Você então em vez disso
usa a faca contra a parede. Você escava & escava

até aparecer uma moeda de luz
& você poder olhar, enfim,

para a felicidade. O olhar
que o outro lado te devolve—

esperando.

Prayer for the Newly Damned

Dearest Father, forgive me for I have seen.
Behind the wooden fence, a field lit
with summer, a man pressing a shank
to another man's throat. Steel turning to light
on sweat-slick neck. Forgive me
for not twisting this tongue into the shape
of Your name. For thinking:
this must be how every prayer
begins—the word *Please* cleaving
the wind into fragments, into what
a boy hears in his need to know
how pain blesses the body back
to its sinner. The hour suddenly
stilled. The man, his lips pressed
to the black boot. Am I wrong to love
those eyes, to see something so clear
& blue—beg to remain clear
& blue? Did my cheek twitch
when the wet shadow bloomed from his crotch
& trickled into ochre dirt? How quickly
the blade becomes You. But let me begin
again: There's a boy kneeling
in a house with every door kicked open
to summer. There's a question corroding

Oração pelos recém-condenados

Amantíssimo Pai, perdoai-me, pois vi.
Além da cerca de madeira, um campo claro
de verão, um sujeito põe a faca
na garganta de outro homem. Aço virando luz
na goela lisa de suor. Perdoai-me
por não retorcer a minha língua até formar
o Vosso Nome. Por pensar:
assim deve começar toda
oração—o pedido *Por favor* rachando
o vento em fragmentos, no que ouve
um garotinho que precisa descobrir
como a dor abençoa de volta o corpo
ao pecador. Em um instante a hora
para. O sujeito, lábios premidos contra
a bota preta. Será que é um erro meu amar
aqueles olhos, ver algo tão brilhante
& azul—que implora por manter-se assim brilhante
& azul? Será que o meu rosto tremeu
quando a sombra molhada jorrou da virilha
& gotejou na terra amarelada? Com que velocidade
a lâmina vira Você. Mas me deixe começar
de novo: há um menino ajoelhado
numa casa com todas as portas escancaradas
para o verão. Há uma pergunta que corrói

his tongue. A knife touching
Your finger lodged inside the throat.
Dearest Father, what becomes of the boy
no longer a boy? *Please*—
what becomes of the shepherd
when the sheep are cannibals?

sua língua. Uma faca tocando
O seu dedo alojado na garganta.
Amantíssimo Pai, o que vai ser do menino
que não é mais menino? *Por favor*—
o que será do pastor
se as ovelhas forem canibais?

To My Father / To My Future Son

The stars are not hereditary.
Emily Dickinson

There was a door & then a door
                      surrounded by a forest.

                                      Look, my eyes are not
    your eyes.

               You move through me like rain
                                         heard
                    from another country.
Yes, you have a country.
                    Someday, they will find it
     while searching for lost ships...

Once, I fell in love
          during a slow-motion car crash.

We looked so peaceful, the cigarette floating from his lips
                as our heads whiplashed back
          into the dream & all
                  was forgiven.

A meu Pai / A meu futuro filho

As estrelas não são hereditárias.
Emily Dickinson

Existia uma porta & depois uma porta
                cercada por selva.

                           Meus olhos, veja bem, não são
   seus olhos.

          Você anda por mim como chuva
                              que se ouve
           de um outro país.
Pois sim, você tem um país.
                    Eles vão descobri-lo algum dia
     numa busca qualquer por navios perdidos...

Uma vez, me apaixonei
          numa lenta colisão entre dois carros.

A gente parecia tão tranquilo, nos lábios dele flutuava um cigarro
               e as nossas cabeças caíam pra trás
       rumo ao sonho & tudo
               estava perdoado.

Because what you heard, or will hear, is true: I wrote
a better hour onto the page

                 & watched the fire take it back.

Something was always burning.
               Do you understand? I closed my mouth
but could still taste the ash
           because my eyes were open.

From men, I learned to praise the thickness of walls.
            From women,
     I learned to praise.

           If you are given my body, put it down.
If you are given anything
     be sure to leave
         no tracks in the snow. Know

    that I never chose
which way the seasons turned. That it was always October
           in my throat

    & you: every leaf
       refusing to rust.

   Quick. Can you see the red dark shifting?

This means I am touching you. This means
     you are not alone—even
   as you are not.
      If you get there before me, if you think

Pois o que você ouviu, ou vai ouvir, é verdadeiro: escrevi
uma hora melhor na página

        & vi o fogo pegá-la de volta.

Havia sempre algo queimando.
        Você me entende? Eu fechei minha boca
mas o gosto das cinzas ficou
        porque eu estava de olhos abertos.

Com os homens, aprendi a louvar a espessura dos muros.
        Com as mulheres,
    aprendi a louvar.

        Se te derem meu corpo, recuse.
O que quer que te deem
    se lembre de nunca
        deixar rastros na neve. Saiba

    que eu jamais escolhi
o caminho de cada estação. E que sempre era outubro
        na minha garganta

    & você: toda folha
        recusando a ferrugem.

    Rápido. Está vendo o vermelho profundo mudar?

Quer dizer que eu estou te tocando. Quer dizer
        que você não está só—mesmo
    quando não está.
        Se você chegar antes, se pensar

         of nothing
& my face appears rippling
   like a torn flag—turn back.

Turn back & find the book I left
   for us, filled
     with all the colors of the sky
forgotten by gravediggers.
       Use it.
Use it to prove how the stars
   were always what we knew

  they were: the exit wounds
     of every
   misfired word.

                              em nada
& meu rosto surgir ondulando
            qual bandeira rasgada—retorne.

Retorne & encontre o livro que eu deixei
            para nós, recheado
                        com todas as cores do céu
que os coveiros esquecem.
                                    Use este livro.
Use-o para provar que as estrelas
            foram sempre o que soubemos

ser: ferimentos de saída
                        de cada palavra
            cujo disparo falhou.

Deto(nation)

There's a joke that ends with—*huh?*
It's the bomb saying here is your father.

Now here is your father inside
your lungs. Look how lighter

the earth is—afterward.
To even write *father*

is to carve a portion of the day
out of a bomb-bright page.

There's enough light to drown in
but never enough to enter the bones

& stay. *Don't stay here,* he said, *my boy
broken by the names of flowers. Don't cry*

anymore. So I ran. I ran into the night.
The night: my shadow growing

toward my father

Deto(nação)

Há uma piada que acaba num—*hein?*
É a bomba dizendo eis teu pai.

Agora eis teu pai nos teus
pulmões. Vê como a terra

já fica mais leve—depois.
Simplesmente escrever *pai*

é tirar uma parte do dia
de uma página em que brilha a explosão.

Há luz bastante para se afogar
mas nunca bastante para entrar nos ossos

& ficar. *Não fique aqui,* ele disse, *meu menino
fraturado por nomes de flores. Não precisa*

mais chorar. Aí eu corri. Eu corri para a noite.
A noite: minha sombra crescendo

na direção do meu pai

Ode to Masturbation

because you
        were never
holy
        only beautiful
enough
        to be found

with a hook
        in your mouth
water shook
        like sparks
when they pulled
        you out

& sometimes
        your hand
is all you have
        to hold
yourself to this
        world & it's

the sound not
        the prayer
that enters

Ode à masturbação

pois você
        jamais foi
sagrado
        só bonito
o bastante
        para ser achado

com a boca
        no anzol
em fagulhas
        a água espirrou
ao tirarem
        você para o sol

& é comum
        você ter só
tua mão
        para agarrar
este mundo
        & é o

som não
        a reza
que adentra

>   the thunder not
> the lightning
>   that wakes you
>
> in the backseat
>   midnight's neon
> parking lot
>   holy water
> smeared
>   between
>
> your thighs
>   where no man
> ever drowned
>   from too much
> thirst
>   the cumshot
>
> an art
>   -iculation
> of chewed stars
>   so lift
> the joy
>   -crusted thumb
>
> & teach
>   the tongue
> of unbridled
>   nourishment
> to be lost in
>   an image

        é o trovão
não o raio
        que acorda você

um noturno neon
        estacionado
no banco de trás
        água benta
lambuza
        tua perna

entre as coxas
        onde homem
nenhum se afogou
        por excesso
de sede
        o esporro

uma art
        -iculação
de estrelas mascadas
        então erga
o dedão
        recoberto de gozo

& ensine
        à tua língua
de infinito
        alimento
que deixar-se perder
        numa imagem

is to find within it
>	a door
so close
>	your eyes
& open
>	reach down

with every rib
>	humming
the desperation
>	of unstruck
piano keys
>	some call this

being human but you
>	already know
it's the briefest form
>	of forever yes
even the saints
>	remember this the *if*

under every
>	utterance
beneath
>	the breath brimmed
like cherry blossoms
>	foaming into no one's

springtime
>	how often these lines
resemble claw marks
>	of your brothers

é encontrar nela
        uma porta
então feche
        os olhos
& abra
        deslize a mão

com as costelas
        vibrando
em desespero
        teclas
intocadas de um piano
        para alguns ser

humano é assim
        mas você sabe bem
essa é a forma mais breve
        de para sempre sim
até santos se
        lembram do *se*

que sob todo
        enunciado
debaixo
        do sussurro transborda
como flor de cerejeira
        em primavera

de ninguém
        tantas vezes esses versos
parecem as marcas
        de garras

being dragged
        away from you

you whose name
        not heard
by the ear
        but the smallest
bones
        in the graves you

who ignite the april air
        with all your petals'
here here here you
        who twist
through barbed
        -wired light

despite knowing
        how color beckons
decapitation
        i reach down
looking for you
        in american dirt

in towns with names
        like hope
celebration
        success & sweet
lips like little
        saigon

laramie money

dos irmãos arrastados
        afastados de você

de você cujo nome
        não se ouve
com o ouvido
        e sim com ossos
diminutos nas
        tumbas de você

que incendeia o ar de abril
        com tuas pétalas todas
aqui aqui aqui de você
        que se entrança
na luz farpada
        como arame

mesmo sabendo
        como a cor convida
à decapitação
        deslizo a mão
procurando você
        na poeira da américa

em cidades com
        nomes como esperança
celebração
        sucesso & doces
lábios como little
        saigon

como laramie grana

        & sanford towns
whose trees know
        the weight of history
can bend their branches
        to breaking

lines whose roots burrow
        through stones
& hard facts
        gathering
the memory of rust
        & iron

mandibles
        & amethyst yes
touch yourself
        like this
part the softest hurt's
        unhealable

hunger
        after all
the lord cut you
        here
to remind us where
        he came

from pin this antlered
        heartbeat back
to earth
        cry out
until the dark fluents

       & sanford cidades
cujas árvores sabem
       que o peso da história
pode dobrar seus galhos
       até quebrar

versos cujas raízes
       que escavam as pedras
& fatos
       juntando
a memória da ferrugem
       & do ferro

mandíbulas
       & ametista sim
se afague
       desse jeito
rompa a fome
       incurável

da dor mais suave
       afinal
o senhor te cortou
       aqui
pra nos lembrar
       de onde veio

prenda essa pulsação
       galhada
de volta à terra
       grite
até que o escuro faça fluir

      each faceless

beast banished
      from the ark
as you scrape the salt
      off the cock-clit
& call it
      daylight

don't
      be afraid
to be this
      luminous
to be so bright so
      empty

the bullets pass
      right through you
thinking
      they have found
the sky as you reach
      down press

a hand
      to this blood
-warm body
      like a word
being nailed
      to its meaning

& lives

      todo bicho

sem rosto banido
      da arca
enquanto você tira o sal
      do pau-clitóris
& chama a isso
      luz do dia

não
      tema
ser tão
      luminoso
tão brilhante tão
      vazio

que as balas passem
      direto por você
achando
      que encontraram
o céu quando deslizar a mão
      aperte

bem
      este sanguíneo
corpo quente
      como verbo
que é preso
      a seu sentido

& vive

Notebook Fragments

A scar's width of warmth on a worn man's neck.
    That's all I wanted to be.

Sometimes I ask for too much just to feel my mouth overflow.

Discovery: My longest pubic hair is 1.2 inches.

Good or bad?

7:18 a.m. Kevin overdosed last night. His sister left a message.
                                          [Couldn't listen
    to all of it. That makes three this year.

I promise to stop soon.

Spilled orange juice all over the table this morning. Sudden
                                        [sunlight
    I couldn't wipe away.
My hands were daylight all through the night.

Woke at 1 a.m and, for no reason, ran through Duffy's
                                      [cornfield. Boxers only.

Fragmentos de um caderno de notas

A extensão aquecida pela cicatriz no pescoço de um
                                 [homem exausto.
    Era só o que eu queria ser.

Às vezes eu peço demais só para sentir transbordar
                                       [minha boca.

Descoberta: meu pentelho mais longo tem 3 centímetros.

Bom ou ruim?

7h18 da manhã. Kevin teve uma overdose ontem à noite.
[A irmã dele deixou uma mensagem. Não consegui ouvir
    inteira. Já são três este ano.

Prometo parar logo.

Derramei suco de laranja na mesa toda hoje cedo. Súbita
                                       [luz do sol
    não tive como limpar
Minhas mãos foram luz do dia a noite inteira.

Acordei à 1 da manhã e, sem motivo, corri pelo milharal
                                     [do Duffy. Só de cueca.

Corn was dry. I sounded like a fire,
> for no reason.

Grandma said *In the war they would grab a baby, a soldier at*
> > *[each ankle, and pull...*
> Just like that.

It's finally spring! Daffodils everywhere.
> Just like that.

There are over 13,000 unidentified body parts from the World
> [Trade Center
> being stored in an underground repository in
> > [New York City.

Good or bad?

Shouldn't heaven be superheavy by now?

Maybe the rain is «sweet» because it falls
> through so much of the world.

Even sweetness can scratch the throat, so stir the sugar
> > [*well.*—Grandma

4:37 a.m. How come depression makes me feel more alive?

Life is funny.

Note to self: If a guy tells you his favorite poet is Jack Kerouac,
> there's a very good chance he's a douchebag.

O milho estava seco. Eu soava como um incêndio,
  sem motivo.

Minha avó disse Na guerra eles pegavam um bebê, um soldado
            [em cada perna, e puxavam
    Como se não fosse nada.

Chegou a primavera finalmente! Narcisos para todo lado.
    Como se não fosse nada.

Há mais de 13.000 partes de corpos não identificadas do
                [World Trade Center
    armazenadas em um depósito subterrâneo em
                    [Nova York.

Bom ou ruim?

A essa altura o céu não devia estar superpesado?

Talvez a chuva seja «doce» por atravessar
    tanto mundo na queda.

O que é doce também pode arranhar a garganta, então misture
            [*bem o açúcar.*—Minha vó.

4h37 da manhã. Por que será que a depressão faz eu me sentir
                    [mais vivo?

A vida é engraçada.
Nota mental: se um cara te diz que o poeta preferido dele é
                [Jack Kerouac,
    há grandes chances de ele ser um babaca.

Note to self: If Orpheus were a woman I wouldn't be stuck
                                                  [down here.

Why do all my books leave me empty-handed?

In Vietnamese, the word for grenade is «bom,» from the
                                      [French «pomme,»
    meaning «apple.»

Or was it American for «bomb»?

Woke up screaming with no sound. The room filling
                                      [with a bluish water
    called dawn. Went to kiss grandma on the forehead

just in case.

An American soldier fucked a Vietnamese farmgirl.
                                      [Thus my mother exists.
    Thus I exist. Thus no bombs = no family = no me.

Yikes.

9:47 a.m. Jerked off four times already. My arm kills.

Eggplant = cà pháo = «grenade tomato.» Thus nourishment
                                              [defined
    by extinction.

I met a man tonight. A high school English teacher
    from the next town. A small town. Maybe

Nota mental: Se Orfeu fosse mulher eu não estaria preso
[aqui embaixo.

Por que todos os meus livros me deixam de mãos abanando?

Em vietnamita, a palavra para granada é «bom», do francês
[«pomme»,
que significa «maçã».

Ou será que da palavra americana para «bomba»?

Acordei gritando sem som. O quarto inundando de uma
[água azulada
chamada aurora. Fui dar um beijo na testa da minha vó

só por precaução.

Um soldado americano comeu uma camponesa vietnamita.
[Por isso minha mãe existe.
Por isso eu existo. Por isso nada de bombas = nada
[de família = nada de mim.

Que bosta.

9h47 da manhã. Já bati quatro punhetas. Meu braço está
[me matando.

Berinjela = cà pháo = «tomate granada». Eis a alimentação
[definida
pela extinção.

I shouldn't have, but he had the hands
        of someone I used to know. Someone I was used to.

The way they formed brief churches
        over the table as he searched for the right words.

I met a man, not you. In his room the Bibles shook on
                                          [the shelf
        from candlelight. His scrotum a bruised fruit. I kissed it

lightly, the way one might kiss a grenade
        before hurling it into the night's mouth.

Maybe the tongue is also a key.

Yikes.

I could eat you he said, brushing my cheek with his knuckles.

I think I love my mom very much.

Some grenades explode with a vision of white flowers.

Baby's breath blooming in a darkened sky, across
        my chest.

Maybe the tongue is also a pin.

I'm gonna lose it when Whitney Houston dies.

I met a man. I promise to stop.

Conheci um homem hoje. Professor de inglês numa escola
na cidade vizinha. Uma cidade pequena. Talvez

Eu não devesse, mas ele tinha mãos
    como as de alguém que eu conhecia. Alguém a quem
        [estava acostumado.

O modo como elas formavam breves templos
    sobre a mesa enquanto ele procurava as palavras
        [exatas.

Conheci um cara, não era você. Na sua sala Bíblias sacudiam
        [nas prateleiras
    pela luz de velas. Seus testículos duas frutas
        [machucadas. Eu os beijei

de leve, como alguém pode beijar uma granada
    antes de arremessá-la na boca da noite.

Talvez minha língua também seja uma chave.

Que bosta.

Eu podia devorar você ele disse, passando o nó dos dedos na
        [minha bochecha.

Acho que amo muito a minha mãe.

Há granadas que explodem com uma visão de flores brancas.

Florindo num céu cinzento, atravessando
    meu peito.

A pillaged village is a fine example of perfect rhyme.
                                                [He said that.

He was white. Or maybe, I was just beside myself, next to him.

Either way, I forgot his name by heart.

I wonder what it feels like to move at the speed of
                                        [thirst—if it's fast
    as lying on the kitchen floor with the lights off.

(Kristopher)

6:24 a.m. Greyhound station. One-way ticket to New York
                                        [City: $36.75.

6:57 a.m. I love you, mom.

When the prison guards burned his manuscripts, Nguyễn Chí   [Thiện couldn't stop
    laughing—the 283 poems already inside him.

I dreamed I walked barefoot all the way to your house in the
                                    [snow. Everything
    was the blue of smudged ink

and you were still alive. There was even a light the shade of
                                          [sunrise inside
    your window.

God must be a season, grandma said, looking out at the
                                        [blizzard drowning

Talvez a língua também seja um alfinete.

Eu vou ficar maluco quando a Whitney Houston morrer.

Conheci um homem. Prometo parar.

«Deporto os mortos» é um belo exemplo de uma rima perfeita.
                    [Foi ele quem disse isso.

Ele era branco. Ou talvez, eu só estivesse fora de mim,
                    [perto dele.

Seja como for, esqueci de cor o nome dele.

Fico imaginando qual deve ser a sensação de se mover à
                [velocidade da sede—se seria tão rápido
quando deitar no chão da cozinha com as luzes
                    [apagadas.

(Kristopher)

6h24 da manhã. Terminal de ônibus. Passagem só de ida para
                    [Nova York: US$ 36,75.

6h57 da manhã: Te amo, mãe.

Quando os guardas da cadeia queimaram os manuscritos dele,
              [Nguyễn Chí Thiện não conseguia parar
de rir—os 283 poemas já estavam dentro dele.

Sonhei que andava a pé na neve até a tua casa. Tudo

    her garden.
My footsteps on the sidewalk were the smallest flights.

Dear god, if you *are* a season, let it be the one I passed through
    to get here.

Here. That's all I wanted to be.

I promise.

estava de um azul de tinta borrada

e você ainda vivia. Havia até uma luz do tom da aurora dentro
da tua janela.

Deus deve ser uma estação, minha avó disse, olhando para
[a nevasca que afogava
seu jardim.

Minhas pegadas na calçada eram os menores voos.

Caro deus, caso você *seja* uma estação, que seja a que
[eu atravessei
para chegar aqui.

Aqui. Era só o que eu queria ser.

Prometo.

The Smallest Measure

        Behind the fallen oak,
the Winchester rattles
                in a boy's early hands.

        A copper beard grazes
his ear. *Go ahead.*
                She's all yours...

        Heavy with summer, I
am the doe whose one hoof cocks
                like a question ready to open

        roots. & like any god
-forsaken thing, I want nothing more
                than my breaths. To lift

        this snout, carved
from centuries of hunger, toward the next
                low peach bruising

        in the season's clutch.
Go ahead, the voice thicker
                now, drive her

A menor das medidas

        Atrás do carvalho caído,
a Winchester treme
              nas mãos precoces de um menino.

        Uma barba de cobre roça
a sua orelha. *Vai em frente.*
              É toda tua...

        Pesado de verão, eu
sou a corça com um casco levantado
              como uma questão prestes a criar

        raízes. & como toda coisa
desprezível, não quero nada mais
              que meus alentos. Levantar

        o focinho, esculpido
por séculos de fome, para o próximo
              pêssego pendendo machucado

        na pegada da estação.
Vai em frente, a voz mais densa
              agora, mande ela

>   *home*. But the boy is crying
> into the carcass of a tree—cheeks smeared
>   with snot & chipped bark.
>
>   Once, I came near
> enough to a man to smell
>   a woman's scent
>
>   in his quiet praying—
> as some will do before raising
>   their weapons closer
>
>   to the sky. But through the grained mist
> that makes this morning's minutes,
>   this smallest measure
>
>   of distance, I see two arms unhinging
> the rifle from the boy's grip,
>   its metallic shine
>
>   sharpened through wet leaves.
> I see the rifle... the rifle coming
>   down, then gone. I see
>
>   an orange cap touching
> an orange cap. No, a man
>   bending over his son
>
>   the way the hunted,
> for centuries, must bend

para casa. Mas o menino chora
na carcaça de uma árvore—rosto melecado
      de ranho & lascas.

  Uma vez, cheguei perto o
bastante de um homem para sentir
      um perfume de mulher

    na oração que ele fazia quieto—
como fazem tantos antes de levantar
      suas armas mais perto

    do céu. Porém, em meio à névoa granulada
que origina os minutos da manhã,
      essa menor das medidas

    de distância, eu vejo dois braços
tirarem o rifle do menino,
      seu brilho metálico

    aguçado através das folhas molhadas.
vejo o rifle... o rifle vindo,
      depois indo. Vejo

    um boné laranja tocando
um boné laranja. Não, um homem
      debruçado sobre o filho

    como os caçados devem se debruçar,
há séculos, sobre o

over its own reflection

to drink.

próprio reflexo

para beber.

Daily Bread

Củ Chi, Vietnam

Red is only black remembering.
Early dark & the baker wakes
to press what's left of the year
into flour & water. Or rather,
he's reshaping the curve of her pale calf
atmosphered by a landmine left over
from the war he can't recall. A fistful
of hay & the oven scarlets. Alfalfa.
Forsythia. Foxglove. Bubbling
dough. When it's done, he'll tear open
the yeasty steam only to find
his palms—the same
as when he was young. When heaviness
was not measured by weight
but distance. He'll climb
the spiral staircase & call her name.
He'll imagine the softness of bread
as he peels back the wool blanket, raises
her phantom limb to his lips as each kiss
dissolves down her air-light ankles.

Pão diário

Củ Chi, Vietnã

O rubro é só o negro relembrando.
Preto ainda & o padeiro desperta
pra sovar o que sobra do ano
em farinha & água. Ou melhor,
remodelar a panturrilha pálida dela
estratosferizada por uma mina que restou
da guerra que ele não recorda. Um punhado
de feno & os vermelhos de forno. Alfafa.
Forsítia. Dedaleira. Massa a
borbulhar. Ao acabar, ele rompe
o vapor espumoso e depara com
as próprias mãos—essas mesmas
de quando era novo. De quando o peso
se media não em quilos, mas
sim em distância. Ele vai subir
a escada espiralada & vai chamá-la pelo nome.
Vai imaginar a suavidade do pão
ao descascar de novo a coberta de lã, levar sua
perna fantasma aos lábios enquanto cada beijo
dissolve os tornozelos leves como o ar.

& he will never see the pleasure
this brings to her face. Never
her face. Because in my hurry
to make her real, make her
here, I will forget to write
a bit of light into the room.
Because my hands were always brief
& dim as my father's.
& it will start to rain. I won't
even think to put a roof over the house—
her prosthetic leg on the nightstand,
the *clack clack* as it fills to the brim. Listen,
the year is gone. I know
nothing of my country. I write things
down. I build a life & tear it apart
& the sun keeps shining. Crescent
wave. Salt-spray. Tsunami. I have
enough ink to give you the sea
but not the ships, but it's my book
& I'll say anything just to stay inside
this skin. Sassafras. Douglas fir.
Sextant & compass. Let's call this autumn
where my father sits in a $40 motel
outside Fresno, rattling from the whiskey
again. His fingers blurred
like a photograph. Marvin on the stereo
pleading *brother, brother*. & how
could I have known, that by pressing
this pen to paper, I was touching us
back from extinction? That we were more
than black ink on the bone
-white backs of angels facedown

& ele nunca vai ver o prazer que isso leva
ao rosto dela. Nunca ao
rosto dela. Porque na minha pressa
em torná-la real, em retorná-la
aqui, eu vou me esquecer de escrever
um pouco de luz neste quarto.
Porque minhas mãos foram sempre efêmeras
& baças como as do meu pai.
& vai começar a chover. Não vou nem
pensar em cobrir com telhado essa casa—
a prótese de perna sobre o criado-mudo,
o *claque claqu*e enquanto enche até a borda. Ouça,
o ano passou. Não sei
nada sobre o meu país. Anoto
coisas. Construo uma vida & a destroço
& o sol segue a brilhar. Onda
crescente. Spray de sal. Tsunami. Tenho
tinta o bastante para te dar um mar
mas não navios, mas o livro é meu
& vou dizer o que for só para permanecer
nesta pele. Sassafrás. Abeto de Douglas.
Sextante & compasso. Digamos que é o outono
em que meu pai está sentado em um hotel de US$ 40
perto de Fresno, chacoalhando o uísque
de novo. Dedos borrados
como uma fotografia. Marvin no som
implorando *brother, brother*. & como
é que eu podia saber, que colocando
a caneta num caderno eu nos resgatava
da extinção? Que éramos mais
que tinta preta sobre as costas brancas
como ossos dos anjos que olhavam para baixo

in the blazing orchard. Ink poured
into the shape of a woman's calf. A woman
I could go back & erase & erase
but I won't. I won't tell you how
the mouth will never be honest
as its teeth. How this
bread, daily broken, dipped
in honey—& lifted
with exodus tongues, like any other
lie—is only true as your trust
in hunger. How my father, all famine
& fissure, will wake at 4 a.m.
in a windowless room & not remember
his legs. *Go head, baby,* he will say, *put yor han
on mai bak*, because he will believe
I am really there, that his son
has been standing behind him all
these years. *Put yor hans on mai showdu*h,
he will say to the cigarette smoke swirling
into the ghost of a boy, *Now flap. Yeah, lye dat, baby.
Flap lye yu waving gootbai.* See?
*I telling yu... I telling yu. Yor daddy?
He fly.*

no pomar ardente. Tinta derramada
na forma de uma panturrilha de mulher. Uma mulher
que eu podia voltar & apagar & apagar
mas não vou. Não vou te contar como
a boca nunca será tão honesta quanto
seus dentes. Como este
pão, repartido todo dia, mergulhado
em mel—& erguido
com línguas de êxodo, como qualquer outra
mentira—só é verdadeiro enquanto a tua fé
for fome. Como meu pai, todo fome
& fissura, vai acordar às 4 da manhã
em um quarto sem janelas & não vai se lembrar
de suas pernas. *Vai i frête, meu bêi, ele vai dizer, poi man
na nhas costa*, porque ele realmente vai achar
que eu estou lá, que o filho
esteve atrás dele por todos
esses anos. Poi man nu me obro,
ele vai dizer para a fumaça de cigarro serpenteando
na forma de um menino, *Agor bate. Iss, bêi assi, meu bêi.
Bate co se tivess dan tchau cua man.* Viu?
*Te diss... Te diss. Teu pai?
El voa.*

Odysseus Redux

        He entered my room like a shepherd
stepping out of a Caravaggio.

    All that remains of the sentence
                is a line

    of black hair stranded

at my feet.

        Back from the wind, he called to me
with a mouthful of crickets—

            smoke & jasmine rising

from his hair. I waited

    for the night to wane
into decades—before reaching

for his hands. Then we danced

    without knowing it: my shadow
            deepening his on the shag.

Odisseu redivivo

     Ele entrou no meu quarto como um pastor
saindo de um Caravaggio.

   Só o que restou da frase
        é uma linha

     de cabelos escuros

encalhada a meus pés.

     De volta do vento, ele me chamou
com a boca cheia de grilos—

          fumaça & jasmim saindo

de seus cabelos. Esperei

     que a noite minguasse até
   virar décadas—antes de pegar

nas mãos dele. E então nós dançamos

    sem perceber: minha sombra
        tornando a dele mais intensa no carpê.

Outside, the sun kept rising.
                One of its red petals fell

                through the window—& caught
on his tongue. I tried

                to pluck it out
                          but was stopped

by my own face, the mirror,
                its cracking, the crickets, every syllable

spilling through.

Lá fora, o sol seguia nascendo.
                    Uma de suas pétalas escarlate caiu

         pela janela—& pegou
na língua dele. Tentei

              arrancá-la
                    mas fui impedido

pelo meu próprio rosto, o espelho,
                            rachando, os grilos, cada sílaba

extravasando.

Logophobia

Afterward, I woke
      into the red dark
to write
      gia đình
on this yellow pad.

Looking through the letters
      I can see
into the earth
      below, the blue blur
of bones.

Quickly—
      I drill the ink
into a period.
      The deepest hole,
where the bullet,

after piercing
      my father's back,
has come
      to rest.
Quickly—I climb

Logofobia

Mais tarde, acordei
        no escuro escarlate
para escrever
        gia đình
neste bloco amarelo.

Por entre as letras
        sob o solo
surgem ossos
        de um azul
desfocado.

Depressa—
        adestro a tinta
em um ponto.
        O buraco mais fundo,
onde a bala,

após perfurar
        meu pai pelas
costas, foi
        repousar.
Depressa—transponho

inside.
      I enter
my life
      the way words
entered me—

by falling
      through
the silence
      of this wide
open mouth

a barreira.
    Entro na
minha vida
        como entraram em
mim as palavras—

caindo
        através
do silêncio
        dessa boca
escancarada

Someday I'll Love Ocean Vuong

Ocean, don't be afraid.
The end of the road is so far ahead
it is already behind us.
Don't worry. Your father is only your father
until one of you forgets. Like how the spine
won't remember its wings
no matter how many times our knees
kiss the pavement. Ocean,
are you listening? The most beautiful part
of your body is wherever
your mother's shadow falls.
Here's the house with childhood
whittled down to a single red trip wire.
Don't worry. Just call it *horizon*
& you'll never reach it.
Here's today. Jump. I promise it's not
a lifeboat. Here's the man
whose arms are wide enough to gather
your leaving. & here the moment,
just after the lights go out, when you can still see
the faint torch between his legs.
How you use it again & again
to find your own hands.
You asked for a second chance

Algum dia eu vou amar Ocean Vuong

Ocean, não tenha medo.
O fim do caminho está tão adiante
que já ficou pra trás.
Não se preocupe. Teu pai só é teu pai
até um de vocês se esquecer. Como a espinha
não se lembra de suas asas
não importa quantas vezes nossos joelhos
beijem o chão. Ocean,
você está ouvindo? A mais bela parte
do teu corpo é qualquer uma onde
recaia a sombra da tua mãe.
Eis aqui a casa com a infância
reduzida a um único cabo vermelho.
Não se preocupe. Só chame isso de *horizonte*
& você jamais vai alcançá-lo.
Eis o hoje. Pule. Prometo que não
é um bote salva-vidas. Eis o homem
que tem braços amplos o bastante para agarrar
tua partida. & eis o momento,
logo após as luzes se apagarem, ainda se vê
a tênue tocha entre as pernas dele.
Como você a usa de novo & de novo
para encontrar as próprias mãos.
Você pediu outra chance

& are given a mouth to empty out of.
Don't be afraid, the gunfire
is only the sound of people
trying to live a little longer
& failing. Ocean. Ocean—
get up. The most beautiful part of your body
is where it's headed. & remember,
loneliness is still time spent
with the world. Here's
the room with everyone in it.
Your dead friends passing
through you like wind
through a wind chime. Here's a desk
with the gimp leg & a brick
to make it last. Yes, here's a room
so warm & blood-close,
I swear, you will wake—
& mistake these walls
for skin.

& recebeu uma boca para esvaziar.
Não tenha medo, o tiro
é só o som das pessoas
tentando viver mais um pouco
& fracassando. Ocean. Ocean—
levante. A parte mais bela do teu corpo
é pra onde ele vai. & lembre,
a solidão não deixa de ser tempo que você
passa com o mundo. Eis
a sala com todos dentro.
Teus amigos mortos passando
por você como o vento
passa por sinos. Eis uma escrivaninha
com a perna bamba & um tijolo
para fazê-la durar. Sim, eis uma sala
tão quente & quase-sangue,
que eu juro, você vai acordar —
& confundir essas paredes com
sua pele.

Devotion

      Instead, the year begins
with my knees
      scraping hardwood,
another man leaving
      into my throat. Fresh snow
crackling on the window,
      each flake a letter
from an alphabet
      I've shut out for good.
Because the difference
      between prayer & mercy
is how you move
      the tongue. I press mine
to the navel's familiar
      whorl, molasses threads
descending toward
      devotion. & there's nothing
more holy than holding
      a man's heartbeat between
your teeth, sharpened
      with too much
air. This mouth the last
      entry into January, silenced
with fresh snow crackling

Devoção

    Ao invés, este ano começa
com os meus joelhos
    raspando um piso de madeira.
outro sujeito vazando
    dentro da minha garganta. Neve nova
crepita no vidro,
    cada floco uma letra
de um alfabeto que
    encerrei para sempre.
Pois a diferença
    entre a prece & a graça
está no modo de mover
    a língua. Comprimo a minha
contra o conhecido vórtice
    do umbigo, tranças de melaço
na descendente rumo
    à devoção. & não há nada
mais sagrado do que segurar
    a batida do coração de um homem
entre seus dentes, afiados
    com excesso de
ar. Esta boca o derradeiro
    acesso a janeiro, silenciada
com neve nova que crepita

   on the window.
& so what—if my feathers
   are burning. I
never asked for flight.
   Only to feel
this fully, this
   entire, the way snow
touches bare skin—& is,
   suddenly, snow
no longer.

   no vidro.
& o que importa—se minhas penas
   estão em chamas. Eu
nunca pedi para voar.
   Só pedi para sentir
isso em plenitude, isso
   inteiro, como a neve
toca a pele nua—&
   de súbito cessou
de ser neve.

Notas

«Limiar» empresta e altera uma frase de «Parable», de Carl Phillips.

«Canção matinal com cidade em chamas» usa parte da letra de «White Christmas», uma canção composta por Irving Berlin.

«A dádiva» é uma alusão a Li-Young Lee

O título «Sempre & para sempre» («Always & Forever») é também o nome de uma das canções favoritas do meu pai, na interpretação de Luther Vandross.

«Anáfora como mecanismo de enfrentamento» é para L.D.P.

O título de «Rainha sob a colina» vem do poema «Often I Am Permitted to Return to a Meadow», de Robert Duncan.

«Rainha sob a colina» empresta e altera a linguagem do poema «Acquired Immune Deficiency Syndrome», de Eduardo Corral.

«Fragmentos de um caderno de notas» empresta uma frase de «The Dark World», de Sandra Lim; Nguyễn Chí Thiện

foi um poeta vietnamita dissidente que por causa de seus escritos passou no total 27 anos na cadeia. Enquanto estava encarcerado, sem caneta e papel, ele compôs seus poemas e guardou-os na memória.

O título «Algum dia eu vou amar Ocean Vuong» faz alusão a Frank O'Hara e Roger Reeves.

«Devoção» é para Peter Bienkowski.

Agradecimentos

Um bule de chá de jasmim fervendo para os editores das publicações em que alguns desses poemas apareceram, às vezes sob formas diferentes:

The American Poetry Review, Assaracus, Beloit Poetry Journal, BODY Literature, Boston Review, Columbia Poetry Review, Court Green, Crab Orchard Review, Cream City Review, Dossier, Drunken Boat, Eleven Eleven, Gulf Coast, Linebreak, Narrative, The Nation, The New Yorker, The Normal School, PANK, Passages North, Pleiades, Poetry, Poetry Daily, Poetry Ireland, The Poetry Review, Quarterly West, South Dakota Review, Southern Indiana Review, TriQuarterly, e *Verse Daily*.

«Eurídice» foi reimpresso em *The Dead Animal Handbook* (2015); «Ode à masturbação» foi reimpresso em *Longish Poems* (2015); «Sempre & para sempre», «Pão diário», «Oração pelos recém-condenados», e «Autorretrato crivado de balas» foram reimpressos em *The BreakBeat Poets* (2015); «Deto(nação)», «Eurídice», «Destruidor de lares» e «Telêmaco» foram reimpressos em *Poets on Growth* (2015); «Autorretrato crivado de balas» foi reimpresso em *Pushcart Prize* (2014); «Anáfora como mecanismo de enfrentamento» foi reimpresso em *Best New Poets 2014*; «Telêmaco» foi o vencedor do *Prêmio Chad Walsh* de 2013, concedido pelo *Beloit*

Poetry Journal; «Oração pelos recém-condenados» foi um dos vencedores do Prêmio Stanley Kunitz para Jovens Poetas de 2012, concedido pela *American Poetry Review*.

Sou grato à Fundação Civitella Ranieri, à Fundação Elizabeth George, à Poetry Foundation, à Poets House, e à Saltonstall Foundation for the Arts, pelo tempo e pelo apoio.

Agradeço à Copper Canyon Press por acreditar.

Obrigado a meus caros amigos, professores e editores por me ajudarem.

Obrigado Peter, pelo Peter.

Das Andere
últimos volumes publicados

22. Rossana Campo
    Onde você vai encontrar um outro pai como o meu
23. Ilaria Gaspari
    Lições de felicidade
24. Elisa Shua Dusapin
    Inverno em Sokcho
25. Erika Fatland
    Sovietistão
26. Danilo Kiš
    Homo Poeticus
27. Yasmina Reza
    O deus da carnificina
28. Davide Enia
    Notas para um naufrágio
29. David Foster Wallace
    Um antídoto contra a solidão
30. Ginevra Lamberti
    Por que começo do fim
31. Géraldine Schwarz
    Os amnésicos
32. Massimo Recalcati
    O complexo de Telêmaco
33. Wisława Szymborska
    Correio literário
34. Francesca Mannocchi
    Cada um carregue sua culpa
35. Emanuele Trevi
    Duas vidas
36. Kim Thúy
    Ru
37. Max Lobe
    A Trindade Bantu
38. W. H. Auden
    Aulas sobre Shakespeare
39. Aixa de la Cruz
    Mudar de ideia
40. Natalia Ginzburg
    Não me pergunte jamais
41. Jonas Hassen Khemiri
    A cláusula do pai
42. Edna St. Vincent Millay
    Poemas, solilóquios e sonetos
43. Czesław Miłosz
    Mente cativa
44. Alice Albinia
    Impérios do Indo
45. Simona Vinci
    O medo do medo
46. Krystyna Dąbrowska
    Agência de viagens
47. Hisham Matar
    O retorno
48. Yasmina Reza
    Felizes os felizes
49. Valentina Maini
    O emaranhado
50. Teresa Ciabatti
    A mais amada
51. Elisabeth Åsbrink
    1947
52. Paolo Milone
    A arte de amarrar as pessoas
53. Fleur Jaeggy
    Os suaves anos do castigo
54. Roberto Calasso
    Bobi
55. Yasmina Reza
    «Arte»

Belo Horizonte, Veneza, São Paulo, Balerna
Dezembro de 2024